O anel que tu me deste

O CASAMENTO NO DIVÃ

Lidia Rosenberg Aratangy

O anel que tu me deste

O CASAMENTO NO DIVÃ

EDU
PRIMAVERA
EDITORIAL

TÍTULO **O anel que tu me deste, o casamento no divã**

Equipe editoral LOURDES MAGALHÃES E TÂNIA LINS
Revisão PRIMAVERA EDITORIAL E AUTORA
Capa, projeto gráfico e diagramação PAULA PARON
Foto capa e foto autora UCHA ARATANGY

Dados Internacionais de Catalogação na Publicação (CIP)
(Câmara Brasileira do Livro, SP, Brasil)

Aratangy, Lidia R.

O anel que tu me deste, o casamento no divã / Lidia R. Aratangy.
7. ed. -- São Paulo : Primavera Editorial, 2009.
7ª edição, 2ª tiragem

Bibliografia
ISBN 978-85-61977-13-9

1. Casais - Psicologia 2. Casamento 3. Conflito conjugal
4. Mudança de comportamento I. Título.

09 -12217 CDD -158.2

Índice para catálogo sistemático:
1. Casamento : Relações interpessoais : Psicologia aplicada 158.2

PRIMAVERA
EDITORIAL

Rua Ferreira de Araújo, 202 - 8º andar
05428-000 - São Paulo - SP
Telefone: (55 11) 3034-3925
www.primaveraeditorial.com.br
contato@primaveraeditorial.com.br

Para os casais que nesses últimos 30 anos vêm frequentando meu consultório, e me ensinaram a admirar a infinita criatividade da relação amorosa para inventar e desmontar armadilhas.

Para o Paulo, que nesses últimos 50 anos vem me confirmando, a cada dia, que uma vida não é suficiente para desvendar a linguagem amorosa; e me demonstrou que o amor pode ser, ao mesmo tempo, porto seguro e velas ao vento.

"O anel que tu me deste
Era vidro e se quebrou
O amor que tu me tinhas
Era pouco – e se acabou..."

Conflitos do relacionamento

E depois?

Vantagens e perigos do casamento

Um prefácio nada impessoal

Fiquei dias tentando em vão escrever um prefácio racional e isento mas todas as tentativas resultaram inúteis. Impossível escrever sobre Lidia Aratangy sem a carga de afeto e memória que pontua nossa longa amizade. Assim, optei por fazer uma apresentação bem pessoal, começando por informar que seu casamento tem quase meio século, o que por si já a qualificaria para escrever sobre esse tão frágil e discutido sacramento. Como se não bastasse, ela é terapeuta de casais, uma mulher dotada de aguda inteligência e rara sensibilidade, respeita a sua intuição e tem uma crença infinita no ser humano. Além do bom humor que, se não elimina problemas, ao menos proporciona condições mais suportáveis (e agradáveis) para resolvê-los. "Bom humor é quando os dois se divertem"– diz ela. Isso provavelmente é uma das razões da longevidade do seu casamento. Quando, porém, lhe perguntam há quanto tempo é casada, ela costuma responder: "44 anos, mas não com a mesma pessoa. Eu não estaria com aquele moleque de 16 anos. E nem acho que estou no primeiro casamento. Devo estar no oitavo sem ter me separado. Os cardápios são diferentes. Adaptar-se é uma tarefa cotidiana". E acrescenta: "O amor dá trabalho. Não é coisa para gente covarde e preguiçosa".

Efetivamente, nenhum dos adjetivos se aplica a essa mulher ativa, corajosa, sábia e graças a Deus imperfeita: "Se a gente fosse perfeita não haveria lugar para o amor" – ela costuma dizer. Afinal fomos expulsos do paraíso porque descobrimos a diferença entre os sexos e nos abrimos para o amor. Esse amor imperfeito como a gente, cercado de tantos mitos enganosos que Lidia disseca em seus livros e palestras. O mais frequente e fatal é o da metade da laranja.

"Duas metades de laranja podem fazer uma boa laranjada, mas duas meias pessoas não fazem um casal", afirma ela. "Para fazer um casal é necessário duas pessoas inteiras".

Além de discutir os mitos danosos que minam o casamento, "O anel que tu me deste" também fala da possibilidade de encontro e reencontro amoroso, e nos ensina a olhar para o outro e para o que nos cerca, sobretudo para aquilo que não conseguimos reconhecer e enxergar. Talvez nesse sentido, um dos melhores momentos seja o box O amor e o sapo, no qual Lidia transforma em metáfora uma curiosa experiência que presenciou no biotério da Faculdade de Biologia da Universidade de São Paulo na época em que Lidia ali trabalhava como especialista em genética. Talvez tenha sido na Faculdade de Biologia que aprendeu a dissecar o interior dos seres. Mas isso foi muito antes de ela usar outro tipo de bisturi, aquele capaz de expor outro tipo de entranhas, as nossas entranhas pessoais e as que construímos com os outros seres.

E o melhor de tudo: Lidia acredita firmemente na relação a dois. "Embora o casamento seja essa instituição falida, parece mesmo que ainda não inventaram um jeito melhor de enfrentar a vida do que duas pessoas que se amam e querem envelhecer juntas. Se vão conseguir isso ou não é outra história."

E se não conseguirem, ninguém precisa transformar o relacionamento em fracasso só porque ele chegou ao fim.

Maria Adelaide Amaral

Nota da autora

Sociólogos e historiadores analisam o casamento e as relações afetivas olhando alternadamente através dos dois lados de um binóculo, de modo a ter uma visão mais próxima ou mais panorâmica do objeto de estudo – sempre, porém, guardando alguma distância que permita observar os fenômenos sob perspectiva. Já os psicólogos, sobretudo os terapeutas, estudam o mesmo objeto a olho nu ou com o auxílio de uma lupa – e o que descrevem, ainda que leve em conta o contexto e o contorno em que se insere o fenômeno, tem como foco as ressonâncias mais pessoais e íntimas de cada vínculo. É da análise de muitas particularidades que são percebidos e descritos alguns aspectos gerais do objeto.

Além de psicanalista pela formação e terapeuta de casais pelo exercício profissional, sou mulher – e uma mulher do meu tempo. "Eu sou eu e minha circunstância", proclamava o filósofo espanhol Ortega y Gasset. Pode-se almejar a imparcialidade, mas a isenção é impossível – talvez sequer seja desejável. Portanto, a análise que faço do casamento e de seus protagonistas está inevitavelmente contaminada pelas ideias e pelos movimentos sociais da época que me coube viver na trajetória do Planeta Azul. Fica, assim, o registro de que este livro reflete o olhar, os sentimentos e o pensamento de uma mulher (casada há quase 50 anos, mãe de quatro filhos e avó de – por enquanto – nove netos) que nasceu no século XX e vive a maturidade no início do século XXI, que bebe da fonte da psicanálise e trabalha há mais de 30 anos com terapia de casais.

Convém mencionar também o viés da amostragem de casais que meu trabalho impõe: os casais que me procuram pertencem, em sua maioria, à classe média e ao recorte judaico-cristão ocidental. São, evidentemente, casais em crise (até hoje, nunca fui procurada por um casal para resolver detalhes de uma festa de bodas de ouro) – mas que optaram por rever o relacionamento amoroso, com a esperança de ainda conseguir extrair dele gratificação suficiente para reafirmar o vínculo. Ou, quando não, com a expectativa de uma ruptura menos sofrida para todos os envolvidos. Será uma amostra representativa dos casais de hoje, incluindo os que não estão em crise, os que procuram outros terapeutas e os que optam por outros caminhos para solucionar seus problemas? A literatura (fonte inestimável de conhecimento da alma humana), a bibliografia especializada, as conversas com outros terapeutas confirmam que não há grande discrepância entre a minha experiência e outras equivalentes.

Este livro é, pois, fruto da experiência de me debruçar há tantos anos sobre vínculos mais ou menos amorosos, na esperança de ajudar os casais a reconhecer os fantasmas que contaminam (às vezes enriquecem) o relacionamento. Não pretende ser um manual para um bom casamento – não por qualquer espécie de tabu que impeça um psicólogo de formação psicanalítica de tomar posição ou emitir sabedorias sobre o assunto, mas porque a experiência me ensinou que não existe um modelo de bom casamento. Os vínculos amorosos com intenção de permanência (e talvez isso seja o mais próximo que podemos chegar de uma definição de casamento hoje) podem assumir inúmeras formas. Não existe o *prêt-à-porter*: cada casal deve talhar sob medida o vínculo que vai uni-lo – munido de disposição, coragem e humildade para empreender as reformas e consertos necessários para que o traje continue a cair bem e vestir confortavelmente, adequando-o às mudanças de medidas e critérios que a vida impõe.

Talvez esses sejam os ingredientes mais importantes para dar a uma união a possibilidade de sobrevivência diante das muitas forças que jogam na oposição. Além de mútua tolerância e, acima de tudo, bom humor. Naturalmente.

Sobre o casamento

"Com quem será
Com quem será
Com quem será
Que a menina vai casar?..."

1

Por que a gente se casa?

As estatísticas não mentem: o número de divórcios tem aumentado de ano para ano. Isso significa que a instituição do casamento está falida? Não necessariamente. Se as estatísticas de fato não mentem, elas revelam muito pouco do fenômeno que pretendem retratar. Elas não contam, por exemplo, que grande parte dos divórcios acontece porque as pessoas querem fazer – e oficializar – novas parcerias, ou seja: o que leva ao divórcio é a esperança de fazer uma história de amor dar certo, mais do que a desilusão por um amor fracassado.

Mas o que é esse misterioso sentimento que chamamos de amor?

O amor é uma lembrança, uma reminiscência de completude de que o umbigo dá testemunho. Os sentimentos de desamparo e solidão, resultantes desse corte – que demarca os limites do eu e inaugura o espaço do desejo (vale dizer, da angústia) – nos fazem eternos rastreadores em busca do aconchego perdido. E é neste que se espelha toda relação amorosa.

Para que serve o casamento? O casamento foi inventado para consolidar alianças, garantir o direito de herança, proteger as mulheres; é um contrato que estabelece normas para o comportamento sexual, organiza interesses econômicos e delimita esferas de poder. A escolha dos parceiros era tarefa que cabia aos pais ou a alguma autoridade reconhecida pelas famílias.

No entanto, logo se percebeu que o vínculo permanente de um casal, com moradia conjunta e fixa, era um nicho adequado para a criação dos filhotes – e este passou a ser o escopo secundário do casamento. O prazer e a felicidade amorosa não estavam previstos no contrato, cuja função é, até hoje, eminentemente social: normas sociais determinam quem entra ou sai do contrato, quem pode ou não participar dos direitos e deveres previstos na regulamentação do vínculo. Sua função, como instituição, passou por muitas transformações ao longo da história: de preservação do patrimônio à união dos espíritos (cantada pelos trovadores medievais do século XII), até chegar à legislação aparentemente liberal do início do século XXI.

O ideal romântico, que associou o casamento à ideia de um vínculo amoroso duradouro, com o objetivo de tornar os parceiros felizes, só entrou em cena no século XX. Na literatura do século XIX, os retratos de bons casamentos refletem uniões tranquilas entre parceiros que se respeitam e têm como projeto comum a criação dos filhos. Em obras de autores tão distantes como José de Alencar (*Senhora*) e Tolstói (*Ana Karenina*), o amor surge apenas fora da relação conjugal ou como um intruso dentro dela.

Com a nova concepção, que veio a postular o vínculo amoroso como única razão legítima para o casamento, a escolha do companheiro passou a ser feita pelos parceiros – e sobre estes vai recair a responsabilidade por opções malfeitas. A felicidade conjugal e a harmonia da família tornaram-se atestados de que o parceiro foi bem escolhido e de que o casal é suficientemente sábio e amadurecido para conservar o vínculo. Surge daí uma ansiedade nova: marido e mulher procuram demonstrar ao mundo o sucesso da relação, por meio de provas materiais e simbólicas: a casa bonita e sempre em ordem, os filhos bem vestidos e com boas notas.

Mas o que, de fato, o amor tem a ver com o casamento? E principalmente: de onde surgiu o mito de que o casamento tem por objetivo tornar as pessoas felizes? E, ainda por cima, para sempre...?

O mais espantoso é que o casamento funciona. Como o besouro, que voa contra todas as possibilidades anatômicas e aerodinâmicas, o casamento pode até dar certo, apesar de todas as armadilhas e ilusões que um casal enfrenta ao longo do caminho.

Casamento funciona?!

Se compararmos os motivos que levam duas pessoas a se escolherem como parceiros, com os requisitos necessários para digerir o cardápio que a vida vai obrigá-las a encarar, parece impossível que o vínculo resista para além das primeiras dificuldades. Pois as pessoas (as pessoas comuns, como eu, você, o motorista do táxi) não se casam por dinheiro, nem para preservar propriedades ou títulos de nobreza. Os parceiros se escolhem a partir de critérios misteriosos, pouco conscientes, ligados ao encantamento que sentem quando estão juntos. As pessoas se casam porque estão apaixonadas, porque não querem se despedir depois de um encontro, porque anseiam por construir com o parceiro um mundo novo, sem as injustiças e as falsidades desta sociedade egoísta e preconceituosa. As pessoas se casam porque têm a convicção de que o amor vai lhes dar forças para pôr em prática tudo aquilo que a fantasia criou, porque desta vez é diferente: desta vez, somos nós – nós e esta paixão, que ninguém nunca sentiu antes.

Mas o que têm a ver os critérios da paixão – pelos quais os parceiros se escolheram – com a primeira madrugada passada à beira do berço de um bebê com febre? De que valem os arroubos da paixão, se o que interessa agora é aguentar a angústia dessas horas mortas, sem saber se é o caso de ligar para o pediatra, ou correr com o bebê para o pronto-socorro, ou... o quê?

Pois a angústia só torna-se mais tolerável porque essa mão forte aquece a minha, e essa voz calma afirma:

— Pode ir descansar, a respiração dele está mais tranquila; eu fico aqui, vá dormir...

— Não, eu fico com você!

De que me servem agora os belos sonhos criados em conjunto, quando tenho de dar a notícia de que acabo de ser despedido? No entanto, o desejo é chegar em casa e contar logo as más novas para a parceira, porque dela poderão vir as palavras que aplacam a desesperança e refazem a autoimagem:

— Aquele trabalho já não estava com nada, mesmo.Você vai ver: fecha-se essa porta e mil janelas vão se abrir. Agora você vai poder ter um trabalho em que vai ser valorizado!

E quem tem coragem de abrir sozinho aquele envelope, que contém o resultado de uma biópsia? Vale até fazer um telefonema fora de hora para o escritório do parceiro:

— Você vai voltar tarde?

— Por quê? Aconteceu alguma coisa?!

— Não, nada. Só estou te esperando...

No entanto, o anedotário que ridiculariza o casamento faz parte da nossa cultura a tal ponto que muitas vezes até contribuímos, sem nos dar conta, para reforçar essa imagem negativa, aparentemente esquecidos das muitas situações que demonstram o valor e a importância do vínculo amoroso.

Mesmo os meios de comunicação – cujos programas humorísticos, novelas e peças publicitárias costumam ridicularizar o casamento – mostram exemplos de facetas positivas. Numa matéria de televisão a respeito de uma nova técnica cirúrgica, destinada a devolver a visão a pessoas que ficaram cegas por traumatismo do nervo óptico, o repórter perguntou ao primeiro paciente a se submeter à cirurgia o que ele gostaria de ter diante dos olhos quando fosse retirada a venda protetora. Tratava-se de um homem de pouco mais de 40 anos, que tinha ficado cego 20 anos antes, devido a um acidente de carro durante sua viagem de núpcias. A resposta foi imediata:

— O que mais quero é ver o rosto de minha mulher! Durante esses 20 anos, eu tentei todos os dias imaginar o trabalho que o tempo fazia em suas feições, para que eu pudesse reconhecê-la no dia em que se desse o milagre de eu recobrar a visão.

Resposta parecida deu um octogenário, entrevistado logo após ser libertado de um sequestro, que o obrigara a passar três semanas em cativeiro num quarto minúsculo. O jornalista, espantado com a integridade física e a vivacidade mental que o entrevistado demonstrava depois das terríveis provações que sofrera, perguntou-lhe com o que ele tinha ocupado a mente durante o confinamento, para preservar a calma e a lucidez.

— Eu só pensava em minha mulher – respondeu ele. – Eu pensava que tinha de sair vivo dali, porque ela precisava de mim. E tinha de estar com a cabeça boa, para que ela me reconhecesse ao olhar nos meus olhos.

Será que só em condições-limite perdemos o pudor de demonstrar nossa ternura?

É forçoso reconhecer que o casamento está longe de ser perfeito. Mas parece que, até hoje, não se inventou nada melhor para enfrentar os desafios da vida do que um vínculo amoroso entre pessoas que têm um projeto em comum e pretendem envelhecer juntas.

2

Casamento "tradicional" *versus* casamento "moderno"

Folheio uma revista feminina do mês de maio. "Mês das Noivas" – anuncia a chamada de capa. Nem precisava: mais eloquente do que mil palavras é a foto lânguida da jovem de vestido branco, de longa cauda, véu e grinalda inconfundíveis. Ali está, estampado numa imagem perfeita, o ideal romântico de jovens casadoiras, um sonho por cuja realização alguns pais se dispõem até a empenhar a própria alma.

Ainda hoje? Depois de queimar sutiãs em praça pública, de reivindicar o direito ao orgasmo e aos anticoncepcionais, de conquistar um lugar ao sol no universo do trabalho, depois de tantas batalhas bravamente travadas ombro a ombro com os homens – parceiros e iguais – as mulheres ainda sonham com um casamento no mesmo modelo com que sonhavam suas avós?

Procuro a data de edição da revista e não há o que questionar: é o número mais recente de uma das mais conhecidas revistas femininas, carro-chefe de uma editora que, sem dúvida, conhece seu público. Para dar o golpe final em eventuais dúvidas remanescentes sobre a atualidade do tema e dos modelos, percebo que muitas outras publicações tiveram a mesma ideia e ostentam capas com noivas igualmente lânguidas, vestidas com roupas igualmente românticas. Mas então nada mudou? As mulheres continuam sonhando com o Grande Dia?

É preciso reconhecer que houve muitas mudanças. Se a pompa da cerimônia do casamento apenas ampliou-se, sem que sua essência se alterasse, a instituição do casamento tem passado por contínuas modificações. Ao comparar as regras que atualmente regulam o vínculo com os objetivos e normas que lhe deram origem, mal podemos reconhecer que se trata da mesma instituição. Mesmo sem estender o olhar para além de meados do século XX, as diferenças entre o casamento "tradicional" e o casamento "moderno" já refletem mudanças dos mitos e expectativas que impregnam a união conjugal. Para tornar o panorama ainda mais rico (e complexo), hoje diferentes formas de casamento coexistem tranquilamente – o que também seria impensável há 50 anos.

As principais mudanças se concentram em quatro aspectos:

MOTIVAÇÃO
"Quem casa quer casa" versus *"Um amor e uma cabana"*

Até algumas décadas atrás, o casamento era praticamente o único caminho pelo qual uma moça podia sair dignamente da casa dos pais. Assim, muitas vezes o que levava ao matrimônio era o desejo de se livrar do jugo paterno. Hoje muitas mulheres jovens deixam a casa dos pais e passam a morar sozinhas, sem outro motivo que não o desejo de levar uma vida independente. E muitos casais fazem a experiência de viver juntos, sem que a coabitação seja necessariamente precedida do casamento formal – ao qual alguns casais só recorrem quando decidem ter filhos, este sim, um motivo considerado válido para "legalizar" a união.

DURAÇÃO
Até que a morte nos separe" versus "*Foi bom, mas acabou*"

A premissa que fundamenta o casamento tradicional é que a união deve durar para sempre. O divórcio, ainda que juridicamente previsto, não é considerado uma contingência do processo, mas um desvio de rota. O sucesso de um casamento tradicional tem como parâmetro único a permanência do vínculo; a única forma respeitada de terminar um casamento seria a morte de um dos parceiros.

Já nos casamentos "modernos", a intensidade e a profundidade da relação são mais valorizadas do que a longevidade. A separação não é necessariamente vista como sinônimo de fracasso nem tem de ser justificada pela descoberta de incompatibilidades que demonstram que houve erro na escolha dos parceiros. As divergências podem resultar simplesmente de diferenças no desenvolvimento pessoal dos parceiros, em um casamento até então bem-sucedido. "Foi bom, mas acabou" é a frase que descreve a trajetória desses sucessos temporários.

COMUNICAÇÃO
"*Mais respeito, menos intimidade*"

No modelo tradicional de casamento, a proximidade entre os cônjuges não é frequente, talvez sequer desejável: marido e mulher podem viver juntos anos a fio sem jamais pretender uma conversa sobre sentimentos e emoções. Hoje, ao contrário, espera-se que o diálogo entre os parceiros seja permanente e íntimo. "Discutir a relação" faz parte do processo de manutenção do vínculo – para horror de muitos homens, que ainda se sentem pouco à vontade com a exposição de sentimentos.

DEFINIÇÃO DE PAPÉIS
"Lugar de mulher é na cozinha!"

As funções do homem e da mulher em uma relação conjugal tradicional são explícitas e claramente delineadas: ao homem cabe o lugar de provedor, responsável pelo sustento e pelo futuro da família; enquanto a mulher fica responsável pela educação dos filhos e pelo cuidado da casa. Nos casamentos "modernos" dissolveram-se as fronteiras entre os territórios masculino e feminino, e há uma expectativa de que os cônjuges dividam tanto o sustento da família quanto os cuidados com a casa e os filhos.

3

Mitos tradicionais

Por trás das normas que definem o relacionamento nos casamentos tradicionais, existem alguns mitos que lhes dão sustentação. Os principais são:

O MITO DO AMOR ÚNICO

Segundo esse mito, só se ama de fato uma vez. Qualquer relacionamento ocorrido antes do "verdadeiro amor" serviria apenas de preparação para o encontro definitivo dos corpos e das almas. No improvável acaso de essa relação verdadeira "não dar certo", eventuais vínculos futuros serão apenas pálidos arremedos do amor verdadeiro. Mas, uma tal relação só poderia fracassar por fatalidades externas aos amantes, como a morte ou um inevitável distanciamento, pois os apaixonados estão protegidos pelo segundo mito.

O MITO DO AMOR ETERNO

O verdadeiro amor é imortal: uma vez encontrado, será capaz de ultrapassar todas as vicissitudes e aguentar todas as provações.

Caso o sentimento sucumba aos desafios da realidade, fica provado que se tratava apenas de uma ilusão amorosa, e não do verdadeiro amor. Assim definido, a permanência seria o único critério para avaliar a importância e a autenticidade de um relacionamento amoroso. Esse mito sobrevive até hoje e sua persistência e resistência às mudanças que marcaram a história da humanidade ao longo dos tempos nos levam a questionar até quando as pessoas estarão proibidas de amar verdadeiramente mais de uma vez. Até lá, em nome da crença de que o amor verdadeiro deve durar para sempre, elas se sentirão obrigadas a cultuar eternamente um amor perdido, ou a aviltar uma experiência importante e enriquecedora do passado para se credenciar a um novo vínculo amoroso – dessa vez, o verdadeiro.

O MITO DA COMPLETUDE

Remonta aos gregos o mito do ser hermafrodita que, cortado ao meio, viu-se condenado a passar a vida em busca da metade que lhe devolveria a inteireza. A ideia sobrevive até nossos dias, praticamente sem transformações: continuamos a acreditar que existe um outro que nos completa, sem o qual permanecemos como inválidos, incapazes de dar conta de nossa fragilidade. Assim, ainda consideramos que o parceiro ideal é a metade que compensa e corrige nossa humana imperfeição. A "cara-metade" (ou seja, a querida metade que me falta) ou a "outra metade da minha laranja" são expressões que refletem a função do parceiro como o encaixe perfeito que completa e equilibra o conjunto, e lhe dá forma.

4

Mitos "modernos"

Com a divulgação e banalização dos conhecimentos e preceitos da Psicanálise, os sentimentos amorosos passaram a ser dissecados e hierarquizados, em um processo que provocou um pretenso abandono das ilusões românticas que coloriam a união de nossos avós. No entanto, para se defender dos ciúmes, da solidão, do sentimento de culpa e de outros sofrimentos inerentes aos humanos, foram criadas outras fantasias, talvez até mais exigentes que os antigos mitos.

Com base na pretensiosa premissa de que a vontade teria o poder de legislar sobre os sentimentos, casais considerados modernos e liberados inventam, para reger o funcionamento do vínculo, contratos que podem resultar em amarras ainda mais opressoras do que as antigas. Alguns exemplos:

O MITO DA TRANSPARÊNCIA

Substitui o voto de fidelidade. Trata-se de um compromisso mútuo de comunicar ao parceiro todos os sentimentos e desejos, incluindo partilhar confidências de eventuais envolvimentos paralelos. O objetivo desse pacto é, por um lado, evitar a humilhação de se sentir excluído da intimidade do outro, ao receber informações de terceiros; por outro, busca a cumplicidade (ou, no mínimo, a complacência) do parceiro, caso se sinta atraído por outra pessoa – um recurso para se defender da culpa.

Essa norma, editada para controlar o que cada parceiro pode sentir (ou expressar), tenta banir do repertório emocional os sentimentos considerados indignos ou humilhantes. Além de inútil (não há como evitar sentimentos como culpa ou ciúmes), é impraticável, pois não somos transparentes nem para nós mesmos (quantas vezes somos pegos de surpresa ao manifestar reações e sentimentos de que nos julgávamos incapazes...). Por isso mesmo, não é fácil detectar quando, no fundo de uma legítima camaradagem entre colegas de trabalho, começa a despontar a semente de um sentimento amoroso. Quando seria, então, o momento certo em que se deveria fazer um comunicado ao parceiro, em nome da prometida transparência? Como ter certeza de agir movido pelo pacto de lealdade, e não por motivações menos nobres (embora reconhecidamente humanas), como o desejo de atrair o interesse de um parceiro desatento? A franqueza pode facilmente se transformar em grosseria, a lealdade absoluta toca as raias da crueldade – provocando ainda mais sofrimento do que o antigo pacto de fidelidade.

O MITO DA LIBERDADE

"Quem é livre só faz o que quer, desde a hora em que acorda até a hora de dormir!" – alardeavam as propagandas de cigarros. Livre? Quem só faz o que seu desejo manda está mais perto da loucura do que da liberdade – até porque o desejo é ilimitado, e é impossível satisfazê-lo. Assim, o ser humano está sempre fadado a fazer escolhas e, portanto, a tolerar a frustração das renúncias.

Essa restrição inerente à natureza humana, que impede a realização absoluta do desejo, é negada por casais que fazem um pacto de "respeito integral às liberdades individuais". Em nome desse pacto, o casal pode chegar a exageros que o expõe a riscos, tanto físicos quanto emocionais. Muitas vezes, o pacto reflete uma dificuldade de fazer uma entrega amorosa, e funciona como uma rota de escape para fugir do sofrimento provocada pela possibilidade de perda.

Como defesa e corolário dessa pretensa liberdade, surge uma falsa noção de independência, na qual cada um ignora os sentimentos do outro, recusando-se a "prestar contas" de seus atos. De fato, um adulto não tem motivos para prestar contas do que faz (a não ser, eventualmente, a um superior hierárquico, na esfera profissional), desde que seja responsável direto pelas consequências de suas escolhas. Mas há uma diferença entre "prestar contas" e "dar satisfações": o bem-querer implica o desejo de ver o outro satisfeito, sem que isso signifique submeter-se ao controle do parceiro. Na medida em que se ignoram os sentimentos do parceiro, este é negado como pessoa – e a "coisificação" do outro traz, como consequência, a solidão, o tédio e a mesmice, pois se exclui do relacionamento o que lhe traria alimento e movimento, isto é, os sentimentos mais fundos e verdadeiros. Essa atitude de desrespeito pelo outro desmerece tudo o que este poderia oferecer: afinal, de que me vale ser desejado e admirado por alguém que não admiro?

O Barba Azul

O Barba Azul era um homem encantador: bonito, atencioso, rico, conquistou facilmente o coração de sua amada e viveram ambos felizes, até que ele precisou viajar a negócios. Na despedida ele impôs uma proibição: a moça não deveria, em hipótese alguma, abrir a sétima porta do sétimo corredor da sétima ala – cuja minúscula chave de ouro Barba Azul lhe confiava. Transtornada pela repentina partida do amado, ela não questionou a restrição e aceitou proibição e chave, sem se dar conta de que essas duas coisas, juntas, só poderiam trazer encrenca. Durante a separação, a moça pensa sobre a promessa feita sob a emoção da despedida, e lhe parece tão difícil mantê-la quanto seria fácil quebrá-la, tendo a chave nas mãos. Decide-se, então, a abrir a porta proibida. Surpresa e horror! Depara-se com os cadáveres decapitados de seis mulheres, as ex-esposas de seu amado. Desesperada, volta a trancar o quarto sinistro, mas percebe que o Barba Azul está de volta e que é impossível esconder a transgressão: a pequena chave de ouro ostenta agora uma indelével mancha de sangue, prova de sua culpa, testemunho que lhe trará a condenação à morte. Como acontecera com suas antecessoras.

A lição é clara: por maior que seja a intimidade de um casal, sempre existirá um quarto fechado, que guarda as marcas da história de cada um – e que não deve ser aberto. Há relações em que é proibido admitir isso. Daí as mensagens ambíguas, as meias-informações que velam e desvelam o segredo, a pequena chave de ouro que Barba Azul não pode levar consigo, mas que a amada está proibida de usar.

O MITO DO ANEL DE VIDRO

Uma fantasia que provoca muito sofrimento é a de que a relação amorosa seria como uma peça de cristal: não pode ter jaça, nem trincas. A descoberta de imperfeições do parceiro ou do vínculo levaria à perda total do investimento, isto é, não haveria conserto ou reparação possível – e o relacionamento estaria condenado à morte.

Nada mais falso. O material que nos constitui, aos humanos e às nossas relações, é mais semelhante ao plástico ou à borracha: é dotado de um alto grau de resiliência, qualidade que lhe permite reconstruir-se depois de passar por quebras e deformações. Ainda que não retorne totalmente à forma original, o vínculo amoroso é capaz de manter-se vivo apesar das imperfeições inerentes aos parceiros e das inevitáveis frustrações que essas imperfeições acarretam.

O MITO DA PAIXÃO FUGAZ

A paixão é definida como uma espécie de loucura febril, presente apenas no encantamento da primeira fase de uma relação amorosa. Depois, com a consolidação do vínculo, a paixão cederia lugar para o amor, sentimento mais maduro e tranquilo, embasado em elementos sólidos, matéria-prima mais confiável para a elaboração de um projeto de vida. Com o passar do tempo, o vínculo, depois de exposto às agruras da convivência continuada, transformar-se-ia, na melhor das hipóteses, numa amizade fraterna, pautada na segurança e na confiança mútuas. Alguns, considerando essa perspectiva pouco atraente, preferem abrir mão de fazer uma parceria duradoura e se dispõem a viver apenas paixões curtas, descartáveis e sequenciais.

Essa escolha tem algumas vantagens, sobretudo em curto e médio prazos. Em geral, é no início de uma relação que as pessoas dão a conhecer suas melhores facetas: as melhores roupas, as melhores caras, a melhor conversa são reservadas para os primeiros encontros. Rompendo o vínculo aos primeiros sinais de desgaste, os parceiros ficam apenas com os aspectos mais brilhantes de cada um, com a vantagem adicional de ninguém precisar ampliar nem o guarda-roupa nem o repertório de histórias e gestos que fazem sucesso.

As desvantagens estão justamente na armadilha que essas mesmas vantagens podem criar. A não renovação do repertório acaba por cansar o próprio sujeito, que percebe suas histórias e estratégias perdendo o brilho e a graça, de tanto se repetirem. Além disso, os momentos menos luminosos, de tristeza ou dor, também pedem acolhida – e não cabem no pacto de partilhar apenas os coloridos arroubos da paixão.

É difícil um relacionamento se sustentar equilibrando-se sobre a estreita faixa do momento presente. O "infinito enquanto dure" não cabe no instante da chama: começa a se esparramar pelo passado, a transbordar para o futuro. Os vínculos, por mais efêmeros que se pretendam, constroem uma história, e um casal não consegue fugir de fazer projetos, por mais curtos que sejam. Em algum momento, a fantasia de passar mais tempo juntos se transforma num plano de férias, a intensidade dos encontros insiste em se fazer memória. Então, um dos lados propõe uma revisão do pacto inicial, que poderá ser alterado ou levar ao abandono do insatisfeito – e aí ambos os parceiros serão invadidos por toda a gama de sentimentos sombrios (remorsos, ciúmes, culpa) que estavam banidos do projeto original.

A paixão é, de fato, um sentimento fugaz. Se não fosse assim, seria, além de intolerável, muito pouco prático. Não seria possível fazer mais nada além de se dedicar integral e eternamente à intensidade dessa vivência: seria impossível trabalhar, criar filhos, estudar, inventar. Toda a cultura acumulada se perderia – e nenhuma nova seria criada. Mas isso não significa que o sentimento apaixonado está restrito às primeiras fases de um relacionamento. Longe de ter um prazo de validade definido pela idade ou fase do relacionamento, a paixão é uma das tonalidades da ampla gama de cores que compõem a relação amorosa – e pode voltar à tona em novos momentos de descoberta e encantamento. Nós, os humanos, somos mutantes: cada nova experiência nos transforma, cada movimento novo altera todos os movimentos posteriores. Não sou sequer igual àquela que eu era antes de formular esse pensamento. Meu parceiro me reconhecerá, quando nos reencontrarmos depois de tantas horas de ausência? E me amará, tal como sou agora?

Quando falamos da mesmice que se instala em um vínculo duradouro, esquecemos da não permanência dos sujeitos do vínculo. Como falar em mesmice em um relacionamento que é continuamente açoitado pelo vendaval da vida, que transforma os jovens noivos da festa de bodas em pais de um bebê, em educadores de novos cidadãos, em confrontadores de adolescentes, em protagonistas de um ninho vazio, em avós de novos filhotes? É, de fato, assustador encarar todas essas mudanças e, a cada uma delas, correr o risco de perder o afeto do parceiro – ou, talvez mais perturbador, o risco de apaixonar-se *de novo*: pelo pai que ele nunca tinha sido, pelo batalhador em que a vida o transformou, pelo filósofo moldado pela experiência, pelo avô impregnado de ternura. Quem pode afirmar que conhece todas as facetas de um companheiro e que está livre de se apaixonar (ou se horrorizar) diante do que ainda não conhece?

Para reconhecer o novo, é preciso estar atento e poroso. E é preciso ter coragem para viver todas as possibilidades de renovação que a paixão oferece.

Um casal modelo?

Todos esses mitos estiveram presentes no relacionamento de Jean-Paul Sartre e Simone de Beauvoir, casal que se tornou ídolo e modelo para mais de uma geração, tanto por seus livros quanto por suas posições políticas e pessoais. Poucos casais teriam hoje a ousadia de Sartre e Simone que, ainda na primeira metade do século passado, atreveram-se a fazer um contrato de casamento aberto e um pacto de transparência incondicional. No livro *Tête-à-Tête*, a biógrafa Hazel Rowley, que conviveu intimamente com o casal, baseando-se em entrevistas e documentos fidedignos, traça um retrato sem retoques do relacionamento que o casal manteve com os muitos parceiros que se tornaram personagens de sua história.

É fato que o vínculo resistiu a intempéries implacáveis e sobreviveu desde os primeiros encontros, em 1929, até a morte de Sartre, mais de 50 anos depois. Mas a um preço alto. Simone padeceu a vida inteira de terríveis crises de ansiedade e desespero, que levavam a acessos de choro repentino, assolada pelo que ela própria referia como "o pior dos pesadelos": a ideia da morte dele. Não é preciso ser conhecedor profundo do funcionamento mental para entender que a angústia sufocante derivava do conflito entre o medo de perder o companheiro amado e o desejo de se liberar de um pacto que já se fazia intolerável. Sartre, por seu lado, continuou até a morte a ter casos eventuais, sempre com moças bem mais jovens e em posição de aprendizes, as quais ele ajudou financeiramente enquanto viveu. Mas, também era sujeito a crises depressivas, que ele combatia tomando doses muito altas de anfetaminas (chegava a tomar 20 comprimidos em um dia).

No entanto, o que mais chocou os fiéis admiradores do casal foi a descoberta do tratamento desrespeitoso que ambos dispensaram àquelas pessoas com quem se envolviam. Toda a hipocrisia que veio à tona – os comentários maldosos, as constantes mentiras e engodos, o total descaso com relação aos sentimentos alheios – embaçou irremediavelmente a aura de admiração e inveja que cercava o casal. A imagem do casal inovador, pioneiro em viver uma relação amorosa intensa e duradoura, sem abrir mão do respeito a liberdades individuais, foi substituída por um quadro melancólico de dois seres vaidosos, incapazes de respeitar sequer os próprios sentimentos.

5

De onde veio nossa família?*

A estrutura familiar judaico-cristã ocidental, tal como chegou ao século XX, é herdeira da família burguesa europeia do século XIX. A origem desse modelo remonta a meados do século XVIII, e a família burguesa das últimas décadas do século XIX já antecipa vários aspectos que caracterizam a estrutura familiar do início do século XXI. Esse modelo, que se tornou hegemônico, representou uma ruptura com as diferentes estruturas que caracterizavam as famílias da aristocracia, do campesinato ou mesmo das famílias operárias e burguesas do século XVIII.

A principal causa dessa mudança foi, provavelmente, a separação entre a casa e o trabalho, provocada pelo advento da tecnologia de produção em massa, que levou à construção de espaços dedicados às fábricas. Até a Revolução Industrial, não havia uma separação entre o trabalho e a família. O trabalho, tanto dos burgueses quanto dos camponeses, fazia-se dentro da casa ou junto dela: a lavoura, cuidada por toda a família, ficava nas vizinhanças da moradia; e o escritório dos profissionais liberais ou a oficina dos artesãos ocupava um dos aposentos da casa da família. Com a Revolução Industrial,

* A análise a seguir tem como referência a obra de Mark Poster, Teoria crítica da família, tradução de Álvaro Cabral, Rio de Janeiro, Jorge Zahar, 1978.

as relações no trabalho ficaram impessoais, já não combinavam com a proximidade da família. Para o trabalho foi o homem, armado com a bagagem já então considerada obrigatória para a batalha do ganha-pão numa sociedade industrializada: frieza, objetividade, agressividade. Em casa ficou a mulher, depositária e guardiã de tudo aquilo que o homem não podia levar consigo para a luta: a emoção, o afeto, a fragilidade (provavelmente daí lhe veio a pecha de emocional, intuitiva, passiva).

Esse afastamento entre trabalho e moradia provocou grandes mudanças em áreas importantes da dinâmica social e familiar, com reflexos no relacionamento entre as famílias e a comunidade, entre homens e mulheres, entre pais e filhos, nas formas de exercício da autoridade e nos modelos de identificação.

Antes da revolução industrial

RELACIONAMENTO ENTRE A FAMÍLIA E A COMUNIDADE

Entre os camponeses, o núcleo familiar (pais e filhos) não era um grupo social significativo, pois a unidade familiar, isolada, não teria condições de sobreviver. De fato, a verdadeira família do camponês era a aldeia. Na vida cotidiana, prevaleciam os costumes e tradições da comunidade: tudo o que ocorria de importante nas famílias era conhecido, partilhado e fiscalizado por toda a aldeia. Casamentos, relações entre marido e mulher e entre pais e filhos, tudo era da conta dos aldeões. Não havia convites para casamentos nem para batizados, que não eram eventos apenas familiares, mas comunitários: toda a população da aldeia estava automaticamente convidada para as festas, bem como para as cerimônias fúnebres (único remanescente a permanecer até nossos dias, quando as mortes são anunciadas publicamente e ninguém precisa de convite para despedir-se do falecido).

Nessa mesma época, o castelo de um aristocrata europeu era, simultaneamente, espaço da família e lugar público, de intensa atividade política. Pertence, assim, às duas esferas, pois é residência e sede política e comercial. A riqueza, representada pela posse de terras, era para ser herdada e transmitida, e não era considerada um capital a ser explorado ou ampliado. O único trabalho do nobre era a guerra.

RELACIONAMENTO ENTRE HOMENS E MULHERES

Na aldeia camponesa, homens e mulheres tinham funções diferentes e, em geral, as mulheres eram subordinadas aos homens, mas dispunham de um poder considerável na esfera doméstica. Os casamentos eram tardios (perto dos 30 anos, tanto para os homens quanto para as mulheres) e produziam muitos filhos, mas a taxa de mortalidade infantil era alta: apenas metade dos recém-nascidos sobrevivia até a idade adulta. A norma não era a família extensa, mas as pequenas famílias conjugais, que viviam em estreita proximidade com os outros aldeões. As esposas não eram objetos sexuais nem companheiras íntimas, mas parceiras de trabalho, escolhidas por suas habilidades e condições de saúde, pois o trabalho das mulheres era vital para a sobrevivência da família e da comunidade: elas cozinhavam e cuidavam dos filhos, dos animais domésticos e da horta. Cabia às mulheres da aldeia regular os casamentos e controlar os namoros dentro da comunidade. Na época da colheita, homens, mulheres e crianças de toda a aldeia trabalhavam juntos.

O casamento entre nobres era um ato político, com o objetivo de preservar propriedades, sobretudo a terra, considerada um patrimônio a ser conservado e transmitido aos herdeiros. Com essa função, a escolha do parceiro não fazia parte da esfera pessoal dos jovens envolvidos, mas era tarefa de adultos competentes. Homens e mulheres circulavam em mundos paralelos, sem uma intimidade maior entre os cônjuges: os homens tratavam de política e planejavam guerras; as mulheres se juntavam para fazer trabalhos manuais e conversar.

RELACIONAMENTO ENTRE PAIS E FILHOS

A hegemonia da aldeia camponesa sobre os laços de parentesco afetava as relações entre pais e filhos: a autoridade não emanava do pai, mas da própria comunidade. Parentes idosas e moças solteiras ajudavam as mães nas tarefas de cuidar das crianças, num misto de assistência e controle, para garantir que os filhos fossem criados dentro dos costumes e tradições. As crianças não eram o centro da vida do casal, e as relações com os pais não tinham intimidade nem intensidade, talvez refreadas pela alta taxa de mortalidade infantil. Quando as mulheres eram convocadas para a colheita, as crianças eram abandonadas o dia inteiro e arranjavam-se por conta própria. A amamentação se fazia com pouco envolvimento emocional, como uma tarefa qualquer.

Desde cedo, a criança participava de toda a rotina da aldeia. Aos sete anos, era enviada para a casa de outro camponês por um período de aprendizado, e assim ela circulava entre as famílias e aprendia a depender da comunidade, e não dos pais. Havia numerosas fontes de identificação, de modo que autoridade e amor não se opunham, pois o poder sobre as crianças, provavelmente severo e indiferente às necessidades da infância, difundia-se por toda a aldeia.

A família camponesa

1. RELAÇÃO ENTRE A FAMÍLIA E A COMUNIDADE
A família nuclear não tem maior significado: a verdadeira família é a aldeia.

2. RELACIONAMENTO ENTRE HOMENS E MULHERES
Pautado pela parceria no trabalho, num vínculo mais próximo da amizade que do amor.

3. RELACIONAMENTO ENTRE PAIS E FILHOS
Distante; os cuidados e controle das crianças emanavam da aldeia.

4. FORMA DA AUTORIDADE
Difusa entre os adultos da comunidade.

5. MODELOS DE IDENTIFICAÇÃO
A circulação de aprendizes oferecia uma ampla gama de modelos adultos.

FAMÍLIA ARISTOCRATA

As crianças de uma família aristocrática ficavam sob o cuidado de criados, com pouco ou nenhum contato entre pais e filhos. As condições da moradia favoreciam a promiscuidade, e as crianças recebiam um treinamento mínimo de hábitos de higiene. A sexualidade não era escondida da criança, que era vista como um animalzinho sexuado, com quem os adultos brincavam. As fezes, longe de serem consideradas repugnantes, serviam à leitura de presságios e de traços da personalidade. A preocupação maior, do ponto de vista da educação, era ensinar a criança a obedecer à hierarquia. A desobediência levava a punições humilhantes, que mobilizavam a vergonha, mas não a culpa. A vida emocional das crianças não gravitava em torno dos pais, mas difundia-se por uma vasta gama de figuras adultas, com quem as crianças não chegavam a formar laços verdadeiros, pois a maioria dos adultos hospedava-se no castelo, mas não vivia nele.

A família aristocrática

1. RELAÇÃO ENTRE A FAMÍLIA E A COMUNIDADE

O castelo pertence às duas esferas, é residência e sede política e comercial.

2. RELACIONAMENTO ENTRE HOMENS E MULHERES

Sem intimidade entre os cônjuges; homens e mulheres circulam em mundos paralelos.

3. RELACIONAMENTO ENTRE PAIS E FILHOS

Praticamente ausente; as crianças eram criadas por amas.

4. FORMA DA AUTORIDADE

As crianças aprendem a respeitar a hierarquia e a autoridade; castigos corporais humilhantes provocavam vergonha.

5. MODELOS DE IDENTIFICAÇÃO

Múltiplos, mas flutuantes, sem vínculos entre as crianças e seus modelos.

FORMAS DE EXERCÍCIO DA AUTORIDADE

Numa família camponesa, os pais não tinham autoridade especial sobre os filhos: essa função era exercida por todos os adultos da aldeia. No castelo, o processo era semelhante: com o distanciamento entre pais e filhos, as crianças tinham de aprender a obedecer à hierarquia, isto é, deviam obediência a todos os adultos que lhes fossem hierarquicamente superiores.

MODELOS DE IDENTIFICAÇÃO

Ao circular como aprendizes entre as famílias da aldeia, as crianças estavam expostas a uma ampla gama de modelos de identificação, masculinos e femininos. Nos castelos, os pequenos aristocratas também tinham contato com muitos adultos, homens e mulheres, que serviam como modelos. No entanto, a constante circulação desses adultos não favorecia a formação de vínculos afetivos, de modo que os modelos eram distantes e flutuantes.

A FAMÍLIA BURGUESA DO SÉCULO XIX

A partir da Revolução Industrial, as relações familiares passaram a ser regidas por rigorosas divisões dos papéis sexuais. O marido era a autoridade e o provedor. A esposa, considerada menos racional e menos capaz, limpava e decorava o lar, e era totalmente dependente do marido. As mulheres eram criaturas relativas: sua identidade derivava do *status* do marido, seu foco de interesse eram os filhos, de quem tinham de cuidar com atenção e desvelo inéditos na história da família. Essa proximidade gerou intimidade e profundidade emocional nas relações entre pais e filhos e conferiu aos filhos uma importância até então desconhecida.

Essa nova forma de amor maternal passou a ser considerada natural para as mulheres, que agora, além de cuidarem da sobrevivência dos filhos, tinham de educá-los para que ocupassem um lugar respeitável na sociedade. O cuidado extremo com as crianças e com o lar isolou-as do mundo externo e de suas transformações, que eram vividas apenas vicariamente, por meio do olhar do companheiro.

As normas de relacionamento familiar deixaram de ser ditadas pelas tradições da comunidade. As relações internas da família burguesa ficavam fora da jurisdição da sociedade, pois, ao renunciar à função produtiva, o lar burguês também se distanciou da autoridade externa: as relações entre marido e mulher e entre pais e filhos passaram a ser definidas exclusivamente pela autoridade interna, o chefe da família.

Data dessa época o aparecimento de livros e revistas dedicados a definir normas para as relações familiares, em uma indicação de que os padrões tradicionais tinham entrado em colapso – e já não havia a rede de vizinhos para ajudar no cuidado com as crianças. As crianças em idade pré-escolar não se relacionavam com outras crianças e conheciam poucos adultos.

A família burguesa

1. RELACIONAMENTO ENTRE A FAMÍLIA E A COMUNIDADE
Isolamento do núcleo familiar.

2. RELACIONAMENTO ENTRE HOMENS E MULHERES
Mundos diferentes, diferentes exigências.

3. RELACIONAMENTO ENTRE PAIS E FILHOS
Estreito desvelo; inauguração da relação entre maternidade e culpa.

4. FORMA DA AUTORIDADE
Inauguração da sedução como forma de coação; ambivalência, conflito entre amor e ódio.

5. MODELOS DE IDENTIFICAÇÃO
Restrito aos pais (a partir daí, diferenças de funções passaram a resultar em diferentes personalidades).

Essas formas de amor e autoridade deram origem a uma nova estrutura emocional. O desvelo e a dedicação da mãe, nas primeiras fases de desenvolvimento do bebê, deixavam as crianças imersas em um paraíso de gratificação sensorial e emocional. Mas criaram novas formas de ansiedade e tensão para as mães, agora isoladas das redes femininas que antes as apoiavam. O cuidado com a casa e as descobertas a respeito das formas de transmissão de doenças provocaram uma onda de preocupação com a higiene, o que levou a novas exigências: a criança tinha de aprender a manter o corpo limpo e a controlar precocemente os esfíncteres, sob pena de severas recriminações. Pela primeira vez na história, os pequenos eram obrigados a renunciar ao prazer corporal para conservar o afeto da mãe.

Mulheres e crianças eram consideradas assexuadas. Portanto, os sentimentos de ternura estavam dissociados da sexualidade, o que gerou conflitos emocionais inéditos: a sensualidade e a paixão só podiam ser vividas longe da família. O corolário desse padrão duplo era a prostituição. O casamento vinculava o casal para a vida toda, mas "felizes para sempre" era sinônimo de austera respeitabilidade, e não de paixão intensa ou amor profundo.

Entretanto, a principal novidade não estava nos aspectos isolados, e, sim, na hegemonia que o modelo burguês conquistou sobre todos os outros modelos conhecidos até então.

A família operária do século XIX

Durante os estágios iniciais da Revolução Industrial, ainda no século XVIII, a família operária tinha uma estrutura semelhante à da família camponesa. No entanto, no decorrer dos séculos seguintes tornou-se cada vez mais parecida com a família burguesa. Nessa mesma época, grande parte da antiga burguesia perdeu o controle da propriedade e tornou-se mão de obra qualificada, aproximando-se da classe operária.

Os salários eram baixos, toda a família tinha de trabalhar, num padrão semelhante ao dos camponeses. Mas, ao contrário do que acontecia na aldeia camponesa, o trabalho agora não se realizava em torno da casa, mas em minas e fábricas, muitas vezes distantes, e em condições insalubres, com horários extenuantes (14 a 17 horas diárias).

Os padrões sexuais estavam próximos aos pré-burgueses, mas sem o controle da comunidade. A prostituição era uma das poucas formas de emprego acessíveis às mulheres recém-chegadas do campo. A autoridade do pai não tinha como se basear na propriedade nem no sustento da família, e os jovens afirmavam cedo sua independência: com 13 a 14 anos saíam de casa em busca de trabalho. Casavam-se cedo e as relações entre homens e mulheres eram mais simétricas, uma vez que elas também recebiam salários e participavam do sustento da casa, além de se encarregar dos afazeres domésticos.

Na primeira metade do século XIX, o padrão emocional dos proletários era diferente do padrão burguês. Os filhos eram criados da maneira camponesa, mais informal, sem a constante vigilância da mãe. Mas não havia a pressão nem a presença da comunidade a zelar pelas crianças, que eram criadas pela rua. Sem a autoridade do pai nem o controle da aldeia, em uma sociedade indiferente, as crianças não desenvolviam nem culpa nem vergonha. Os filhos de operários conviviam com uma ampla gama de adultos, mas as formas tradicionais de autoridade estavam enfraquecidas – e os jovens não possuíam elementos de identificação com os donos das minas ou fábricas, cuja autoridade lhes era estranha.

Nas últimas décadas do século XIX, surgiu uma espécie de aristocracia dentro da classe operária: o trabalhador qualificado. Com salários mais altos, os operários pertencentes a esse pequeno grupo podiam garantir a subsistência da família. Já havia alguma preocupação social com as condições de vida dos trabalhadores, com tentativas de limitar as horas de trabalho das mulheres e crianças, com a imposição de padrões morais mais próximos dos burgueses. Como parte desse esforço para disseminar aspectos da estrutura da família burguesa, mulheres da classe média faziam visitas aos lares operários para ensinar práticas de puericultura e estimular a privacidade do núcleo familiar e a assistência materna às crianças.

Em consequência, a família proletária passou a valorizar a mulher em casa, com os filhos, aproximando-se do padrão burguês de diferenciação dos papéis sexuais. Durante essa fase, os homens operários juntavam-se em grupos que gravitavam em torno do trabalho e do bar, enquanto as mulheres estabeleciam sua comunidade baseada na vizinhança. As mulheres se conheciam – e o padrão de relacionamento social estava mais próximo ao dos camponeses na aldeia do que do isolamento da família burguesa. Os laços com a comunidade só foram quebrados numa terceira etapa, quando os novos casais se deslocaram para os subúrbios. Aí a esposa proletária ficou isolada no lar, e o futuro dos filhos passou a ocupar o centro das suas preocupações. Os operários mais qualificados passaram a criar os filhos segundo o padrão burguês: a mesma estrutura de autoridade e amor durante os estágios iniciais do desenvolvimento infantil, o mesmo isolamento da família no lar.

Assim, a família operária que de início se estruturava conforme o modelo da família camponesa, assumiu depois o padrão da família burguesa, que passou a figurar como modelo de estrutura e dinâmica familiar. Essa hegemonia de um estrato social sobre todos os outros é um fato inédito, comparável à atual apologia da juventude, cujos comportamentos e hábitos servem hoje de padrão a todas as faixas etárias.

A principal singularidade da estrutura burguesa reside não na repressão e despotismo dos pais, mas no conflito gerado entre prazer e afeto: a autoridade dos pais é absoluta e, ao mesmo tempo, está pautada no mais profundo dos amores. As crianças aristocratas tinham sentimentos hostis em relação aos pais, mas não estavam expostas à infinita ternura da mãe nem se sentiam especialmente protegidas pelo pai. Portanto, não se sentiam culpadas pelos sentimentos que os castigos corporais mobilizavam. Mas as crianças burguesas não podiam se rebelar contra os pais. Não pelo temor diante da autoridade: o que estava em pauta – e impedia a revolta – era que a renúncia ao prazer se fazia em nome do profundo amor dos pais pelos filhos e pelo uso de ameaças baseadas na retirada do afeto.

A família operária do século XIX

1. RELACIONAMENTO ENTRE A FAMÍLIA E A COMUNIDADE
De início, a vizinhança como pequena aldeia; depois, isolamento da família.

2. RELACIONAMENTO ENTRE HOMENS E MULHERES
De início, mais simétrico; depois, com a mulher "do lar", assimetria semelhante à burguesa.

3. RELACIONAMENTO ENTRE PAIS E FILHOS
Vínculos frouxos e distantes, sem o respaldo da aldeia.

4. FORMA DA AUTORIDADE
Enfraquecida, sem respeito ou medo.

5. MODELOS DE IDENTIFICAÇÃO
Variados, mas fracos.

A família burguesa do século XIX

1. Autoridade sobre os filhos limitada aos pais ("ela não é sua filha, você não tem nada com isso!").

2. Intenso amor e desvelo dos pais pelos filhos ("seu pai é seu melhor amigo!").

3. Tentativa sistemática de levar a criança a trocar o prazer pelo afeto ("se você se sujar, mamãe não gosta mais de você").

4. Ambivalência, culpa, diferenciação de personalidades feminina e masculina ("homem não chora").

Esse conflito gera simultaneamente hostilidade e culpa, pois diante de uma escolha feita por amor, a cólera não podia se expressar. A raiva, então, era dirigida contra a própria criança, que se sentia indigna e má. O processo de identificação veio a ser a única saída para o conflito entre o intenso ódio que as ameaças dos pais mobilizavam na criança e o profundo amor que ela sentia por eles. Assim, as diferenças sexuais convertem-se em diferenças de personalidade: o masculino passa a ser caracterizado como um ser controlador, agressivo, racional e ativo; enquanto o feminino é identificado com emotivo, frágil, irracional e passivo. As diferenças de idade são padrões de hierarquia: uma criança é especial, porém, inferior.

6

Autorretrato sem retoques

A segunda metade do século XX assistiu a importantes transformações. As pequenas unidades fabris e os estabelecimentos comerciais familiares foram substituídos por conglomerados internacionais, as livrarias de esquina e as pequenas lojas das ruas principais não sobreviveram à competição com os shopping centers; os bens de capital deixaram de ser controlados por figuras humanas para passarem ao arbítrio de instituições abstratas e distantes.

Uma propaganda atraente, com um inusitado poder de sedução, passou a estimular a obsolescência deliberada dos produtos, provocando uma elevação inédita do nível de consumo: alterações de pequenos detalhes de lançamentos anteriores são artificialmente valorizadas para provocar a troca do objeto antigo pelo novo. Sentimentos de inferioridade e inveja são os instrumentos de campanhas que exacerbam a competição e o consumismo, com efeitos funestos sobre a dinâmica da família.

Esse processo tem como principal alvo as crianças, o que aumenta sua dificuldade natural para tolerar a frustração. "Todo o mundo na minha escola tem!" tornou-se um argumento poderoso para mobilizar sentimentos de insuficiência e incompetência nos pais, que se esforçam para fazer frente a essas demandas, muitas vezes em detrimento de prioridades essenciais.

A família atual

1. RELACIONAMENTO ENTRE A FAMÍLIA E A COMUNIDADE
Isolamento das famílias em relação à comunidade (a comunicação globalizada não é necessariamente um antídoto para a solidão).

2. RELACIONAMENTO ENTRE HOMENS E MULHERES
A simetria é alardeada como desejável, maiores exigências mútuas de satisfação emocional e sexual, menos preocupação em preservar a imagem de respeitabilidade e harmonia do casamento.

3. RELACIONAMENTO ENTRE PAIS E FILHOS
Paradoxalmente íntimo e distante; enaltecimento do diálogo, geralmente confundido com monólogos e sermões.

4. FORMA DA AUTORIDADE
Confusão entre o respeito à liberdade dos filhos e a necessidade de impor limites; dificuldade em frustrar os filhos, que deságua num consumismo ilimitado e indesejável, estimulado pela propaganda.

5. MODELOS DE IDENTIFICAÇÃO
Leque amplo e variado para as meninas, pobre para os meninos.

A crescente influência dos meios de comunicação provocou mudanças nos relacionamentos. A popularização do carro e da televisão, a internet, a violência das ruas favorecem o isolamento da família, que se fecha dentro de casa. O computador, cada vez mais um objeto de uso pessoal, também colabora para isolar os membros da família uns dos outros e cria um novo tipo de distância entre pais e filhos, pois estes dominam o universo digital com muito mais facilidade do que a geração mais velha. A internet, que abre literalmente uma janela para o universo, pode ser usada para a comunicação imediata com amigos distantes, mas pode tornar-se uma forma de defesa contra as dificuldades inerentes aos contatos humanos verdadeiros, deixando seus usuários ainda mais isolados.

A banalização e distorção dos conceitos da psicanálise, que foi vulgar e erroneamente interpretada como uma condenação à frustração, gerou práticas permissivas de educação, que se refletem tanto nas famílias como nas escolas. Aparentemente, nenhuma dessas instituições encontrou até agora uma maneira consistente de compensar o abandono da autoridade arbitrária e despótica de pais e professores, agora ultrapassada.

Há uma revalorização do sentimento amoroso. Antes considerado estranho ao relacionamento conjugal, o amor passa a ser valorizado, talvez até como compensação pela impessoalidade e pelo distanciamento das relações sociais e profissionais. O amor romântico é, mais do que nunca, considerado a única base legítima para o casamento. Com isso, aumenta o peso sobre os casais, que depositam na relação conjugal a esperança de realização de todos os sonhos e fantasias, até então adiados. Essa idealização do casamento, produto de expectativas irreais, é a porta de entrada para muitas frustrações.

Com tudo isso, o fardo ficou pesado demais, e o casamento deixou de ser a única modalidade aceita de relacionamento.

7

Causas da mudança

A evolução da família, desde a família burguesa do começo do século XX até nossos dias, não foi um percurso linear nem homogêneo. Não é fácil refazer essa trajetória, mas alguns marcos decisivos podem ser assinalados.

1. CONTRACEPÇÃO MAIS EFICIENTE

A pílula anticoncepcional, que trouxe a possibilidade de desvincular o prazer sexual do risco de reprodução, inaugurou uma nova maneira de encarar o universo da sexualidade. A partir daí, a mulher passou a ter um poder maior sobre seu próprio corpo e tornou-se a principal depositária da decisão sobre o momento de ter filhos e a quantidade de filhos desejada.

2. INDEPENDÊNCIA FINANCEIRA DA MULHER

A possibilidade de conquistar uma autonomia econômica por meio do trabalho fez com que as mulheres se tornassem menos submissas e passivas: é cada vez menor o número de mulheres que se sentem obrigadas a manter um casamento insatisfatório em troca do sustento e proteção de um marido.

Um efeito colateral indesejável dessa independência foi o desenvolvimento de um certo pudor de agradar o outro, como se qualquer escolha que visasse à satisfação do parceiro representasse, mais do que uma oferenda carinhosa, um ato de submissão. Essa postura é favorecida e alimentada pela atitude complementar de muitos homens, que também confundem gratidão e reconhecimento com submissão ou fragilidade; como se, ao reconhecer a importância do que recebem, estivessem implicitamente confirmando que têm necessidades e desejos que o outro pode atender. Algumas pessoas, tanto homens quanto mulheres, por uma dificuldade de sentir e assumir a gratidão, procuram desvalorizar o que recebem. "Fez porque quis" é a frase típica que espelha essa atitude.

3. INDIVIDUALISMO EXACERBADO

O culto ao individualismo gerou uma espécie de compromisso com o prazer, que teria de ser imediato e sem custo. Essa crença leva as pessoas a assumirem uma conduta de baixo investimento na relação amorosa, ao lado de uma alta expectativa de gratificação e de baixa tolerância à frustração. Permanecer numa relação considerada pouco gratificante passou a ser encarado como sinal de baixa autoestima e de conformismo. A frustração é vista como um desvio de rota, e não como parte da bagagem humana.

4. AUMENTO DA EXPECTATIVA DE VIDA

Os progressos científicos e tecnológicos alongaram a vida humana. Com isso, o futuro dura mais tempo e, assim, "felizes para sempre" tem hoje um significado mais pesado do que nas gerações que antecederam a nossa. O fenômeno não se refere apenas ao aumento da expectativa de vida: o que faz a maior diferença não é o número de anos acrescentados, mas a mudança na qualidade da vida após a maturidade. Há apenas duas gerações, uma pessoa de 50 anos de idade não esperava do futuro mais do que a tranquilidade de uma aposentadoria digna e um final de vida com saúde e sem percalços. Hoje, uma pessoa dessa idade tem pela frente muitos anos de vida produtiva e gratificante, com inúmeras opções. Essa nova perspectiva torna as pessoas mais exigentes e menos tolerantes: o desejo de "aproveitar cada momento" torna-se soberano, em detrimento de projetos de longo prazo ou de sentimentos feridos.

5. HEGEMONIA DOS MEIOS DE COMUNICAÇÃO

A crescente popularidade da televisão transformou esse veículo em um importante fator de evolução dos costumes. A tv dispõe, como o cinema, da capacidade de gerar no espectador experiências de identificação por meio da emoção; mas seu poder de sedução e penetração é maior e mais sutil. Ir ao cinema implica fazer várias opções, desde a escolha do filme até da localização e outras condições da sala de espetáculo. Mas, a televisão é proativa, não é preciso escolher: basta apertar um botão para que a emoção esteja dentro da intimidade do quarto. Às vezes, as emoções que são mobilizadas não cabem na telinha – e para isso serve o respiro do intervalo comercial, que, com seu tom maníaco, encarrega-se de pôr tudo no devido lugar e nos lembrar que tudo aquilo que se passou antes é de mentira, não vale uma lágrima.

Não obstante, alguns temas tratados em novelas e minisséries são suficientemente mobilizadores para levar o espectador a rever atitudes e preconceitos com mais rapidez do que nenhum outro meio jamais conseguiu.

Dúvidas e angústias

“Lá vem a noiva
Toda enfeitada
Coitada dela
Vai ser enforcada...”

8

Novos personagens

O fenômeno social mais revolucionário de nossos tempos – com profundos reflexos na dinâmica da família – foi provavelmente a mudança da posição da mulher dentro da sociedade, consolidada pelo crescente nível educacional das mulheres e pela tendência de casamentos cada vez mais tardios. A queda do patriarcado nas últimas décadas do século XX foi um corolário da ascensão social das mulheres. O fenômeno ainda está em andamento, mas o poder masculino, antes absoluto, está em retração e no mundo todo as mudanças tendem a caminhar na mesma direção, embora não no mesmo ritmo. Algumas reações na direção oposta, alimentadas pela promoção de fundamentalismos religiosos, representam provavelmente uma resposta a intolerâncias fanáticas e episódicas – e não uma tendência global.

Na batalha pela conquista da simetria, a mulher passou de uma posição de total submissão ao jugo masculino a posições de projeção e comando não só nas empresas como na política. No começo do século XXI, o panorama mostra mulheres no comando de países distintos, geográfica e socialmente distantes. Uma pequena amostra: no início de 2006, mulheres estavam na presidência da Irlanda, da Letônia, da Finlândia, das Filipinas, da Libéria; mulheres ocupavam o cargo de primeira-ministra da Nova Zelândia, de Bangladesh, de Moçambique, de São Tomé e Príncipe e da Alemanha. No final de 2005, o Chile elegeu para presidente Michelle Bachelet, uma socialista de 54 anos, divorciada e declaradamente sem religião. Essa escolha adquire especial importância se lembrarmos que se trata de um país extremamente conservador, no qual a Igreja Católica é presença forte e influente. Foi, aliás, o último país do mundo ocidental a aceitar o divórcio.

Mas ainda não foram derrubados mitos antigos: nesse mesmo ano, homens cultos e poderosos como o ex-reitor da Universidade de Harvard, um dos centros de saber mais prestigiados do mundo, ainda acreditavam numa inabilidade inata das mulheres para as ciências exatas. Ainda hoje, há empresários que as consideram excessivamente emocionais nas tomadas de decisões e, portanto, argumentam que lhes falta a frieza necessária para obter sucesso na selva de pedra que é o mundo dos negócios. No mercado de trabalho, a discriminação das mulheres ainda é patente: homens e mulheres que fazem o mesmo trabalho dificilmente recebem o mesmo salário. No Brasil do início do século XXI, a remuneração das mulheres representa menos da metade do ganho masculino, apesar de uma diferença de escolaridade em favor das mulheres; e a escala de promoção das empresas privilegia os homens, com o pretexto de que as mulheres exibem uma menor dedicação ao trabalho (ainda que essa pretensa postura não se reflita nos resultados): pesquisas de 2007 revelaram que as mulheres levavam 3,5 vezes mais tempo que os homens para galgar posições na carreira.

Um efeito perverso dessa relação se expressa no aviltamento dos salários nas carreiras em que a presença feminina se torna hegemônica. O fenômeno pôde ser observado na área do ensino, primeiro no Ensino Fundamental, na qual as mulheres sempre marcaram presença (afinal, onde estão as crianças, estão também as mulheres...), até o Ensino Superior, cujos salários foram se achatando paralelamente ao aumento da presença feminina.

Uma simetria relativa

"*Não se case com uma mulher de carreira*" é o título de um artigo publicado em 2006, na revista virtual *Forbes.com* (23 agosto 2006), que causou polêmica até mesmo entre os editores da revista. Numa comparação com as mulheres que se dedicam à vida doméstica, "...elas tendem a se divorciar mais, são mais propícias a trair e a manter suas casas menos limpas", afirma o artigo, em um exemplo de miopia sociológica. Afinal, a possibilidade de encontrar pessoas interessantes está ligada à estatística, não à dedicação a uma carreira; e a opção pela traição é uma questão mais de caráter que de profissionalismo. A casa mais limpa depende do interesse e esforço de todos os habitantes da casa, e um divórcio, embora exija coragem para tomar decisões e competência para se sustentar sobre as próprias pernas, depende essencialmente do nível de gratificação que um casamento oferece.

O fato é que nossa cultura ainda não se modificou o necessário para contemplar de forma justa os casais em que ambos os parceiros têm uma carreira a zelar. A dedicação à vida profissional ainda pressupõe que alguém se dedique à vida doméstica – o que, tradicionalmente, recai sobre a mulher. Ainda sentimos os efeitos da divisão entre a vida pública e a vida privada que a Revolução Industrial inaugurou, e sofremos com o desprezo com que o capitalismo contempla as atividades desligadas da cadeia produtiva. Mas ainda me revolto quando percebo que o trabalho doméstico é de tal forma desqualificado que sequer é considerado trabalho por quem o executa. Quando se pergunta a uma mulher "do lar" qual é o seu trabalho, em geral ela responde que não trabalha, é "apenas dona de casa".

Há não muito tempo uma mulher casada só exercia um trabalho remunerado para ajudar a equilibrar o orçamento doméstico enquanto o marido "não se estabilizava financeiramente". Isto é, o fato de uma mulher "trabalhar fora" significava que o marido ainda não se tornara um provedor eficiente. Ela parar de trabalhar representava uma vitória para o casal. Hoje, embora a contribuição da mulher para a renda familiar seja significativa, a dedicação a uma carreira representa tanto para o homem quanto para a mulher um dos aspectos da realização pessoal e do desenvolvimento pleno do indivíduo.

Da mesma forma, a divisão das tarefas domésticas não é uma ajuda do marido a uma esposa que não consegue dar conta do serviço da casa por se dedicar a uma carreira. Muitos homens da geração passada orgulhavam-se de nunca ter entrado na cozinha de sua casa. "Nunca fritei um ovo, nem sei onde se guardam as panelas!" – diziam alguns, como se fosse motivo de orgulho. Hoje, frases como essa não fariam sucesso na maioria das rodas, masculinas ou femininas. Mas ainda não está claro que, se os parceiros pudessem ter uma participação efetiva na vida profissional e na vida doméstica, ambos seriam pessoas mais completas e independentes, deixando para o vínculo amoroso apenas a dependência afetiva, da qual todos nós, os humanos, carecemos. Seria preferível que ambos se interessassem em ser pessoas mais completas – independente da necessidade.

"ESTÃO SOZINHAS?"

As famílias, os sistemas educacionais e o espaço público também fazem discriminação entre homens e mulheres. Há sinais dessa assimetria em situações corriqueiras, como a dos assinantes das listas telefônicas: muitas mulheres ainda não figuram nas listas, ocultas por trás do nome dos maridos. Pouco tempo atrás, ainda no final do século XX, alguns recintos públicos proibiam a entrada de mulheres desacompanhadas. Hoje, nenhum hotel ou restaurante se atreveria a tomar essa atitude e correr o risco de sofrer sanções por discriminação. Mas quando o garçom pergunta: "Estão sozinhas?", as quatro mulheres sentadas à mesa do restaurante ficam sem resposta, diante dessa clara manifestação de um preconceito superado apenas na aparência. Afinal, quantas mulheres precisarão sentar-se à mesa para não estar desacompanhadas?

Alguém ouviu falar de Dia do Homem? Ou de um Suplemento Masculino de algum jornal? Ou de um Departamento Masculino de algum clube ou partido político?

Serão as mulheres de hoje mais felizes do que suas avós? Ou será que aquelas estavam mais satisfeitas ao aceitar a proteção de seus companheiros e ver a vida pelos olhos deles? Seriam mais felizes os casais, quando estavam amparados por certezas inabaláveis e dispunham de um roteiro com papéis fixos e bem delineados? Difícil responder, pois, se é verdade que a liberdade de escolha aumenta a possibilidade de desfrute, é também inegável que a responsabilidade pelas próprias escolhas traz consigo um medo maior de errar. Ou seja, provavelmente nossos avós não eram mais felizes, mas deveriam ser menos angustiados.

Infelizes ou angustiadas, as mulheres já não têm como escapar da armadilha que a incoerência das expectativas lhes armou. Agora toda mulher tem de ter sucesso profissional, sem deixar de ser excelente dona de casa e mãe exemplar, além de exibir um corpo impecável e um rosto sem rugas. Não basta ser uma intelectual respeitada – é preciso ter belas pernas; e uma bem-sucedida mulher de negócios deve ser também a orgulhosa mãe de filhos modelos e a fogosa amante de seu marido.

Sob essa exigência de perfeição, todas as mães temem cometer graves erros na educação dos filhos (e fatalmente cometem, mas sem as trágicas consequências que suas fantasias constroem); as esposas carregam o fardo de não serem suficientemente dedicadas, ou bonitas, ou inteligentes, ou sabe Deus o quê (como se fosse possível ter simultaneamente todos esses atributos). As mulheres parecem eternamente insatisfeitas com o que são e correm para saldar todas as dívidas imaginárias: esforçar-se mais na ginástica, matricular-se no curso de inglês, começar uma terapia, retomar o tratamento dos dentes, arrumar o jardim, dedicar mais tempo aos filhos, ter mais empenho na carreira profissional...

Será que todas as batalhas pela emancipação resultaram nesse quadro melancólico? Será esse o prêmio pela conquista da liberdade? Não terão elas perdido a guerra, ao sair do jugo de pais e maridos, para ficar submissas à tirania do relógio, do chefe, da balança?

O NOVO PAI

Há muitas gerações, os homens vêm sendo criados por mulheres. Desde o nascimento até a adolescência, o filhote humano está sempre rodeado por mulheres: mãe, avós, tias, madrinhas, babás, enfermeiras. As crianças convivem quase exclusivamente com vizinhas, empregadas, professoras, diretora, orientadora, serventes, a moça da cantina, a tia da perua. Hordas de mulheres cercam nossos bebês. Os homens só entram em cena quando os meninos chegam à adolescência e alguns pais e professores valentes propõem-se a enfrentá-los, ou chega a hora solene das conversas "de homem para homem" entre pais e filhos.

Criou-se, assim, uma desigualdade injusta entre o desenvolvimento masculino e o feminino: uma menina pode aprender a ser mulher com base em inúmeras figuras femininas diferentes, mas um menino aprende a ser homem a partir de um antimodelo, pois logo ele se dá conta de que tudo aquilo que o cerca é "não-homem". Nesse contexto, são obrigados a compor uma figura masculina com as informações de que: expressar emoções é coisa de mulher; serviço de casa é trabalho para quem não é capaz de desempenhar tarefas mais importantes, lidar com crianças é prerrogativa (e obrigação) das mulheres. Para mudar essa situação, não é preciso presentear os meninos com panelinhas e bonecas, pois esses objetos já são bastante numerosos no ambiente onde nossos meninos são criados. O que ainda falta é um menino ter a oportunidade de ver um homem adulto que ele respeita e admira usar esses objetos com naturalidade e desenvoltura no seu cotidiano.

Felizmente, na geração de pais do século XXI, o envolvimento dos homens com a casa e a família está sofrendo uma mudança importante. O compromisso das mulheres com a carreira profissional é em parte responsável por essa mudança, mas o fator mais importante foi o declínio do paternalismo, que ajudou a libertar os homens dos estereótipos herdados da família patriarcal tradicional. Hoje muitos homens estão mais próximos dos filhos e mais dispostos a participar da administração da casa e desempenhar tarefas antes consideradas femininas. As famílias, sem dúvida, ganharam com essa transformação, sobretudo os meninos, que agora têm mais modelos masculinos em que se espelhar. Mas esses pais têm de improvisar uma maneira de desempenhar seu novo papel – para o qual não foram preparados.

O processo não se dá sem percalços. Em alguns casos estamos revendo, com uma mudança de cenário, as mesmas disputas que se deram entre homens e mulheres quando elas saíram de casa para disputar um lugar no mercado de trabalho e viram-se lançadas num mundo pautado por normas masculinas. Como há muito tempo os homens ocupavam esse espaço, elas tiveram de batalhar com armas com as quais não estavam habituadas, em campos que desconheciam, sujeitando-se a critérios de sucesso moldados por homens, para avaliar homens. De início, elas assumiram o modelo masculino e tentaram absorver os recursos e parâmetros do novo ambiente, esquecidas de que, em um duelo, quem escolhe as armas já entra em vantagem. Com o passar do tempo, sob a influência conjunta de homens e mulheres, o mundo do trabalho modificou-se: hoje muitas empresas abrigam berçários e creches com horários flexíveis, para atender às necessidades flutuantes dos horários das mães. Em algumas instituições, as mulheres podem até trabalhar parte do período em casa, ou negociar diferentes esquemas que permitam conciliar as exigências do trabalho com as demandas da casa e dos filhos.

Agora é o universo da família que necessita urgentemente de uma evolução semelhante: os homens precisam conquistar seu lugar nesse território; as mulheres precisam reconhecer e respeitar o espaço masculino. Não basta emprestar um cantinho em um território que continua sob o domínio da mulher. Para que haja uma mudança verdadeira, é preciso que os homens se aproximem do universo doméstico e que as mulheres não só tolerem, mas encorajem essas incursões. Esses homens nunca puderam desenvolver uma maneira de trocar uma fralda, dar uma mamadeira, preparar uma papinha ou lavar a louça do jantar –

tarefas que devem necessariamente ser executadas de um modo diferente do que fazem as mulheres, pois as medidas e a ergonomia de homens e mulheres não são iguais. Há de haver uma maneira masculina (e satisfatória) de dar banho no bebê, preparar uma mamadeira e acompanhar o desempenho escolar dos filhos. Há de haver, inclusive, uma maneira masculina de expressar emoções – que talvez nem passe pelas lágrimas. Para desenvolver seu estilo, é preciso que o homem possa errar e corrigir o erro à sua moda.

Mas tudo em uma casa, sobretudo na cozinha e no quarto do bebê, está feito para as dimensões femininas: se um homem se dispuser a lavar a louça ou dar banho no bebê todos os dias, fatalmente terá dor nas costas, pois a altura da pia da cozinha e da banheirinha do bebê não estão adequadas à sua estatura.

Na maioria dos casos, quando as mulheres reclamam da falta de cooperação dos parceiros nas atividades domésticas, o que elas querem de fato é a participação de um ajudante qualificado, disposto a cumprir as tarefas que lhe forem designadas conforme as orientações e exigências delas. Mas é pouco provável que um homem concorde em simplesmente obedecer: quando se dispõe a envolver-se, seja com os serviços da casa, seja com os cuidados com os filhos, ele pretende ter uma participação integral e criativa, de acordo com seus critérios, seu ritmo e sua escala de prioridades. O pai que leva a criança para a escola não quer se limitar ao papel de motorista: ele tem o direito de participar da escolha do horário em que a criança vai para a escola, de acompanhar a lição de casa, de falar com os professores, de conhecer e criticar os métodos pedagógicos. Um pai participativo pode querer dar palpites no que as crianças comem e vestem, tem o direito de ser ouvido quanto aos projetos de férias e fins de semana dos filhos, e até de opinar sobre os amigos e programas. Dificilmente as mães estão dispostas a ceder espaço para tudo isso. No fundo, as mulheres também estão convencidas de que só elas têm competência para cuidar dos filhos, principalmente quando ainda são pequenos.

Felizmente, alguns homens perseveram. Os filhos precisam aprender a lidar com o pai que eles têm, não com uma imagem de pai filtrada pela mãe. Nenhuma mulher pode ensinar um homem a ser pai, sobretudo porque elas pouco sabem dessa função. Um homem aprende a ser pai com o pai que ele teve e com os filhos que tem. Se as mulheres abrirem mão da crença de que lhes cabe zelar por esse relacionamento e aprenderem a conter a ansiedade e desviar o olhar quando um homem lida com seu filho (de qualquer idade), ajudarão a criar condições mais favoráveis para que pai e filhos se conheçam e estabeleçam uma comunicação verdadeira.

Com isso, todos os membros da família poderão ter boas surpresas.

Todo homem é um pouco filho?

A afirmação de que os homens são eternas crianças, a exigir cuidados e atenções da companheira, ainda parece popular, reafirmada entre risinhos de um constrangimento artificial de um lado e de uma falsa complacência de outro. Homens e mulheres se comportam nesse assunto como se houvesse um certo encanto nesse jogo de infantilismo masculino e ternura maternal feminina. Nem todos se prestam a esse jogo, mas não é raro ver-se em um restaurante a cena de uma mulher insistindo para o marido comer a salada ou beber menos cerveja.

O fato é que todos nós temos nostalgia de um tempo em que éramos cuidados por alguém de confiança. Mas uma mulher deve tomar cuidado ao entrar nesse papel sem antes conhecer bem o tipo de maternagem a que o companheiro esteve exposto. Se você é uma mãe judia ou italiana e ele teve uma mãe inglesa, é encrenca na certa. O que para algumas famílias significa proteção e cuidado, para outras pode significar invasão e desrespeito; assim como o que para umas é sinal de respeito e consideração, para outras pode ser visto como abandono e descuido.

O que quer um homem?

Em um debate público em comemoração ao Dia da Mulher, alguém da plateia pergunta aos debatedores, (em uma incersão da clássica indagação de Freud): "Afinal, o que quer um homem?" O filósofo, único representante masculino à mesa, responde sem hesitar: "Os homens querem paz e sossego". A socióloga replica, rápida: "Nós também!"; mas a psicóloga emenda: "Não; nós queremos discutir a relação".

De fato, para além das diferenças familiares, que faz com que o idioma de cada um de nós traga a marca de sua origem parental – e que cada indivíduo torna única, por meio de seu enredo particular e da elaboração pessoal que faz de sua história – existem as diferenças entre os gêneros, ditadas pela natureza e que cada cultura molda conforme sua definição do masculino e do feminino. No meu trabalho cotidiano com casais, sou constantemente confrontada e surpreendida pelas confusões provocadas por essas diferentes visões do relacionamento. O mais espantoso é que na maioria das situações, os parceiros têm o mesmo objetivo: o entendimento, a conciliação. Mas como ambos traçam mapas diferentes para chegar a esse fim, frequentemente se perdem um do outro no caminho.

Depois de uma briga, as mulheres sentem uma necessidade de "pôr em pratos limpos" o desentendimento; isto é, para elas a reconciliação passa obrigatoriamente por uma conversa a respeito do que teria provocado a divergência. Com esse intuito, costumam remontar aos primórdios da história do casal, para trazer à tona episódios semelhantes do passado, acreditando que assim seria possível não só elucidar uma eventual pendência do momento, como prevenir a repetição de futuras encrencas. Só depois de esgotado o assunto (como se isso fosse possível...), estariam dispostas a um reencontro afetivo.

Para eles, a reconciliação faz o percurso inverso. Antes de qualquer conversa, os homens precisam ter uma confirmação de que o vínculo amoroso permanece vivo, para além das divergências. "Não falo com o inimigo; primeiro fazemos as pazes (de preferência com um abraço aconchegante para selar o armistício), depois estou disposto a conversar" – com a óbvia esperança de que, depois de um contato físico carinhoso, desapareça o interesse por "discutir a relação".

O que está em cena nesse episódio é outra diferença cultural entre os gêneros: a comunicação verbal não parece ter a mesma função para homens e mulheres. Para eles, a fala teria uma função operacional ("Se não adianta falar, qual o sentido de continuar essa conversa?"), isto é, a palavra serviria para provocar uma mudança na realidade. Para as mulheres, a conversa teria o objetivo de dar-se a conhecer, de traduzir e desvendar os sentimentos do outro, para assim aproximar as pessoas e ampliar a intimidade entre elas.

Com pontos de partida assim distantes, não seria mesmo possível que ambos percorressem o mesmo trajeto. No entanto, as tentativas de diálogo não levam em conta essa discrepância, que se intensifica ao longo das conversas, gerando frustração em ambos os parceiros, pela impossibilidade de uma comunicação verdadeira. Mas como seria possível um diálogo se os interlocutores não têm a mesma definição do que seria uma comunicação verdadeira?

Carta á psicóloga: Cinderela e seus complexos

"Aos 34 anos, sou uma mulher atraente e bem-sucedida. Vivo, sobre minhas próprias pernas (aliás, bonitas), uma vida movimentada e sofisticada, com muitos amigos, nos mais diversos tons de amizade. No entanto, não me sinto feliz. Será que falta o óbvio (marido, filhos, as coisas de que minha avó falava)? Existe, mesmo, o tal Complexo de Cinderela?"

A alma humana é (pelo menos) dupla: se um dos lados precisa se sentir acompanhado e amparado, o outro clama pela liberdade e pela privacidade; e quanto mais atendido estiver um dos lados, mais o outro exigirá seu lugar ao sol. As duas tendências – a de se sentir livre e a de se sentir amparado – conflitam e criam situações de ambivalência e angústia tanto nas relações amorosas quanto fora delas, pois acenam com os dois fantasmas que assombram e ameaçam o futuro de todos nós: por um lado, o medo da solidão; por outro, o risco de se perder no outro.

Quando se vive a plenitude de um dos polos, o outro cresce, à sombra. Por sua própria essência, o humano não pode ser completo, e a frustração é parte integrante da nossa vida. Uma vivência permanente de plenitude seria até parecida com a morte, pois estar vivo implica modificar-se continuamente, significa não ser igual a si mesmo ao longo do tempo. Somos, portanto, movidos por desejos e necessidades diferentes, muitas vezes, opostos.

Quem vive por longo tempo a experiência de autonomia e liberdade, pautada no caminhar sobre as próprias pernas, vai sentir falta depois de algum tempo da experiência de parceria e permanência – por mais bonitas e firmes que sejam as pernas. Não porque a vivência que falta seja parte da essência feminina, mas porque o não vivido tem sempre um irresistível apelo. Pois é possível pintá-lo com as cores que a fantasia criar: não há maneira de desmentir qualquer versão de como poderia ter sido o que não foi, e assim, podemos tecer as mais variadas opções de enredos para a única vida que temos. Uma profissional bem-sucedida pode se imaginar casada com um príncipe encantado (o significado do encantamento fica por conta do que ditar o desejo de cada uma), com filhos maravilhosos, que enchem o castelo de risos e folguedos; e assim conhecer o prazer e a glória de conduzir um reino, com a magia de se sentir uma mulher realizada como esposa e mãe. (É disso que falavam nossas avós? É assim que elas se sentiam?). Mas pode também inventar o enredo oposto, e imaginar a vida de casada ao lado de um marido ranzinza e beberrão, tentando educar sozinha pimpolhos birrentos e chorões, cercada pela bagunça de uma casa em desordem, enquanto sonha... com o quê? Com o fascinante universo das mulheres independentes, que nunca se casaram e vivem "uma vida movimentada, sofisticada, excitante"?

É impossível adivinhar qual teria sido a vida, se tivesse sido diferente do que foi. Mas podemos ter certeza de que o colorido com o qual se pinta o não vivido só tem a ver com a cor da lente que colocamos diante dos olhos no presente, quando olhamos para trás. Em momentos mais depressivos, mais difíceis ou, sobretudo, mais solitários, a escolha não feita vai parecer encantadora. Só porque mais idealizada. Provavelmente é então que lamentamos não ter ouvido a avó – e não ter escolhido um caminho diferente.

Mas até que ponto a gente escolhe o próprio destino? Não será a mão do acaso quem decide e nos empurra para um dos lados? Talvez o que nos caiba seja tentar extrair do destino que nos toca o melhor que ele pode oferecer, em termos de diversidade e intensidade.

Cinderela é uma das personagens menos compreendidas e mais caluniadas da literatura infantil. A imagem que se consagrou foi a de uma mocinha frágil e indefesa, que para ser feliz só precisou de uma fada madrinha que a vestisse para ir ao baile do príncipe, onde deu um jeito de perder o sapato, para ficar à espera de que ele a encontrasse. Fica esquecido o fato de que ela era a única a trabalhar na casa de seu pai: a ela cabia manter aceso o fogão onde se preparava o alimento de toda a família. Antes que a fada madrinha aparecesse e lhe oferecesse o lindo vestido e os sapatinhos de cristal que mudaram seu destino, ela teve de esfregar (com uma escova de dentes!) o imenso salão de sua madrasta, e lavar, com água trazida em um dedal, a escadaria de mármore do palácio.

Quanto ao *Complexo de Cinderela*: o desejo de proteção e segurança é inerente a todo ser humano, não é prerrogativa das mulheres, pois o desamparo e o medo da solidão fazem parte da bagagem de todos nós. Não há condição de independência ou sucesso profissional que desminta o fato de que precisamos todos, homens e mulheres, sentir-nos amados, acolhidos e protegidos.

9

As contradições

É inegável que hoje temos todos, adultos e crianças, mais liberdade do que há 50 anos. Vai longe o tempo em que se dizia que "as crianças devem ser vistas, mas não ouvidas". Hoje não é preciso ter maioridade nem diploma para ter direito a voz e, não raro, a voto na mesa do jantar.

Liberdade versus autonomia

Mas essa liberdade maior não representa necessariamente maior autonomia. A geração de nossos pais e avós locomovia-se com mais desenvoltura e competência, os pais não eram obrigados a acompanhar crianças e jovens a todos os seus compromissos de estudo e de lazer. As cidades eram mais seguras (embora menos iluminadas) e os jovens podiam voltar sozinhos de seus programas noturnos, as crianças eram autorizadas a ir à escola levadas pelo transporte público, pagando seu bilhete e sabendo conferir o troco. Hoje tanto essas crianças informadas e verbalizadas quanto esses jovens contestadores dependem da carona de adultos para ir à escola, voltar das baladas ou do cinema. Crianças e adultos assistem aos mesmos programas de televisão e têm acesso às mesmas informações pela internet. Mas, quando são chamados a fazer outras escolhas de lazer, escolhem livros e filmes mais infantis e menos elaborados do que os romances e filmes que há 50 anos interessavam os jovens de idade equivalente.

As roupas atuais garantem a crianças e jovens mais liberdade de movimento: jeans, camiseta e tênis formam um conjunto bem mais confortável do que as roupas engomadas e cheias de babados do começo do século passado. Homens e mulheres de todas as idades e classes sociais desfrutam do direito de abusar da calça velha, azul e desbotada, sem provocar comentários desairosos. No entanto, todas as faixas etárias parecem mais presas a modismo e etiquetas badaladas do que estiveram seus pais e avós.

A posse da liberdade, sinceramente almejada e duramente conquistada, não está isenta de conflitos. Nossas emoções nem sempre endossam nossas convicções racionais. Muitas vezes sabemos perfeitamente qual seria a linha de ação correta ou o sentimento adequado numa determinada situação, mas nossas emoções são mais fortes do que a decisão intelectual. Um exemplo frequente é a cegueira provocada pelos ciúmes, mesmo em situações em que sabemos que não haveria razões para isso. Ou o mal-estar que os pais podem sentir ao saber que a filha está com o namorado no quarto ao lado, de portas fechadas – mesmo aqueles pais que reconhecem o direito de uma filha de 20 anos de ter um relacionamento íntimo. Mas somos assim mesmo, os humanos: a coerência não é um dos nossos atributos. Nossas emoções habitam mais perto de nossas vísceras que de nosso cérebro – e para evoluir levam mais tempo do que as ideias.

A mesma contradição se reflete em nossa cultura. As mudanças de hábitos e costumes levam tempo para se estender a todos os aspectos. A liberdade sexual, apregoada como uma conquista da moderna sociedade ocidental, ainda sofre restrições em seus aspectos mais naturais. Um exemplo está em um enorme cartaz de publicidade que há algum tempo tomava toda uma parede das estações de metrô, em Paris. Em primeiro plano, destacava-se o perfil de um rosto masculino, com características marcadamente viris: olhar penetrante, pequenas rugas de maturidade no canto dos olhos, cabelos grisalhos nas têmporas, nariz forte. Ao fundo, via-se uma etérea silhueta feminina, num vestido esvoaçante e semitransparente, segurando na mão um delicado chapéu enfeitado com flores. O texto: "Nem sempre um homem sabe onde mete o seu nariz. Use o desodorante íntimo *Inodore*!"

A mensagem é clara: somos tão liberados em matéria de sexo que não só fazemos sexo oral, como estampamos publicamente essa nossa prática. Mas, por favor: sem cheiros, sem secreções.

A PERDA DA INFÂNCIA

Outro paradoxo é observado na maneira como encaramos a infância. Quando a única forma de transmissão de informações era a linguagem oral, bastava que a criança adquirisse o domínio total da palavra (o que se dá por volta dos sete anos) para se igualar aos adultos. Os quadros de Brueghel retratam feiras e festas populares em que se observa essa situação: homens e mulheres embriagados, em cenas de luxúria explícita, aparecem ao lado de crianças vestidas com indumentárias idênticas às dos adultos, assistindo a espetáculos de todos os tipos, inclusive execuções de condenados à morte. A ideia de que a inocência das crianças deveria ser preservada não fazia parte das preocupações da época: "os segredos dos adultos" não eram escondidos dos pequenos.

A diferenciação de um universo infantil separado do universo adulto foi de certa forma consequência da popularização da capacidade de leitura, possível apenas a partir do século XVI com a invenção da máquina impressora. Desde então passou a haver uma separação entre os que tinham a capacidade de ler (os adultos) e os que precisavam adquirir essa competência (as crianças) para ter a seu alcance a reserva de conhecimentos da sua cultura. No final do século XIX, essa segregação atingiu o apogeu: havia livros específicos para crianças e sobre as crianças, roupas e sapatos infantis (não mais numerações pequenas, mas modelos especiais para crianças), criou-se todo um universo de comunicação dos adultos do qual as crianças estavam excluídas.

Na segunda metade do século XX, a transmissão de informações sofreu, com o advento da televisão, uma nova mudança qualitativa. As informações são transmitidas pela tv por meio de palavras e imagens, que não exigem a competência para a leitura – como acontece com livros e jornais. Não é preciso nenhuma habilidade especial para ver televisão. Como antes da difusão da leitura, o que se passa na telinha atinge adultos e crianças indiscriminadamente, sem segregação de público (não dá pra trancar o aparelho de televisão na gaveta, nem colocá-lo na prateleira mais alta, fora do alcance das crianças). Houve assim uma diluição da barreira entre adultos e crianças – e estas passaram a usar a linguagem dos adultos e a exibir comportamentos até então estranhos ao universo infantil.

Exemplos dessa precocidade forçada podem ser observados em algumas coreografias exibidas em programas infantis e estimuladas por pais, tios e avós inconsequentes, que levam crianças pequenas a exibir trejeitos e meneios de uma sensualidade adulta. Atualmente, muitas meninas querem festejar seu décimo aniversário passando o dia com as amigas num spa, onde recebem tratamentos de beleza, maquiagem e penteados sofisticados, numa programação antes reservada ao ritual do "Dia da Noiva".

Essa dinâmica de erotização da infância é parte de um processo mais amplo de transbordamento da adolescência que, de um lado, faz a infância recuar para limites cada vez mais exíguos, enquanto, na outra extremidade, empurra para mais tarde a entrada no universo adulto. Assim, essa etapa do desenvolvimento – que só passou a existir a partir de meados do século XIX e quase até o final do século XX estava confinada à estreita faixa etária entre os 14 e os 17 anos – ocupa hoje um intervalo largo e indefinido entre os 10 e os 40 anos.

Estamos diante de um fenômeno novo: o mito de que é desejável, e possível, viver uma eterna juventude. Da mesma maneira como os valores e costumes da burguesia – que, antes restritos a uma classe social, passaram a servir de padrão para toda a sociedade – hoje temos como modelo uma faixa etária: todos querem ser adolescentes. A cada semana os meios de comunicação e a propaganda anunciam novas conquistas para garantir indefinidamente a posse de uma pele sem rugas, um corpo sem estrias, um fôlego de atleta. Cremes milagrosos, exercícios milenares e bisturis ambiciosos estão unidos na batalha de evitar ou, na pior das hipóteses, escamotear, as marcas do tempo.

Com isso estamos, sobretudo as mulheres, vivendo a contradição de, após vencer importantes batalhas pela liberdade, nos colocarmos à mercê de outros tiranos, mais sutis, mas nem por isso menos despóticos. Livrar-se do jugo de pais e maridos, para passar a obedecer cegamente à balança, aos estilistas ou ao personal trainer, não é propriamente um avanço.

É PERMITIDO PROIBIR?

Mas o maior paradoxo talvez diga respeito às emoções. Em nome de uma falsa noção de liberdade, nossas emoções também estão sob suspeita. Alguns afetos são considerados menos nobres do que outros: ciúmes, tristezas e pudores estariam abolidos, por decreto, como se fosse possível atribuir notas pela dignidade e nobreza do que sentimos. Esquecemos que, nas profundezas de onde brotam os afetos, ainda não existem o bem e o mal. Os julgamentos só são cabíveis com relação aos nossos atos, não com relação a nossas emoções, pois estas não se deixam domesticar, não respondem a ordens nem obedecem a limitações. Todas as emoções, das consideradas mais nobres às condenadas como indignas, fazem parte da bagagem humana, e não adianta promulgar leis nem firmar pactos para estabelecer que sentir ciúmes é fora de moda, sentir inveja é errado, ficar triste não pega bem. As proibições só servem para acrescentar culpa ao rol dos sentimentos penosos.

O ciúme é uma das emoções mais primárias da história de vida de todos nós. Aparece antes de qualquer posse, quando ainda não temos nenhuma propriedade: quando inauguramos esse sentimento, não dominamos sequer o uso da palavra. Isto é, o ciúme não tem nada a ver com o que as pessoas *possuem*; tem a ver com o que as pessoas *são*. Tem a ver com uma criança pequena que chora, desamparada, do lado de fora da porta fechada do quarto de seus pais, sentindo-se rejeitada e infeliz, presa das mais terríveis fantasias de abandono. Quem tem umbigo, tem ciúmes.

Os contratos impossíveis, como os pactos de transparência pelos quais os parceiros se comprometem a partilhar todas as experiências, são tentativas de escapar à ansiedade da desconfiança e ao medo da perda. Tais recursos, no entanto, revelam-se pouco eficientes para lidar com a insuportável ideia de que no amor não existem garantias: existem apenas os riscos inevitáveis dessa viagem de rumo incerto, que devemos enfrentar sem bússola, e na qual somos todos aprendizes.

10

Infidelidade: por que dói tanto?

A dor de ser traído é, ao lado do luto, um dos maiores sofrimentos de que padece o ser humano. Há quem a considere até mais dolorosa do que o luto pela morte de um parceiro, pois na morte não existe a humilhação de ser preterido no confronto com outra pessoa. A descoberta da infidelidade faz a inclusão de um terceiro no enredo do casal e inaugura a dolorosa descoberta de que a pessoa amada é capaz de fazer com outra pessoa uma aliança da qual estamos excluídos – o que acrescenta, à dor da traição, a desilusão pela deslealdade, pela quebra de um pacto de confiança que se julgava eterno. Assim, à dor pela ruptura do vínculo amoroso, soma-se a dificuldade em abdicar da crença numa relação idealizada, em que cada parceiro se imaginava capaz de suprir todos os desejos e necessidades do outro. Isso provoca um golpe mortal no orgulho e na vaidade: é intolerável saber-se limitado e incompetente diante das experiências que o outro deseja – e pode – viver.

A traição representa, acima de tudo, a perda da idealização que marca a formação de um vínculo amoroso, quando o casal se acredita original e único, diferente de todos os outros e, assim, imune aos riscos e contaminações que ameaçam os casais "comuns". A perda dessa aura de proteção que os distinguia, a percepção de ser "igual a todo mundo", abre as comportas para tudo aquilo que os "outros" casais sempre enfrentaram: o medo da perda, a dificuldade de comunicação, o desgaste do vínculo.

Depois de passar por uma experiência dolorosa de traição e culpa, muitos casais fazem incríveis malabarismos para evitar o abismo do confronto e o medo da perda. Alguns tentam resgatar o mito de "uma alma em dois corpos", por meio de uma improvável proposta de transparência absoluta. Outros buscam soluções "modernas", partindo para o extremo oposto: propõem-se a abrir o vínculo para a entrada de toda uma multidão. Surgem daí as experiências de troca de casais, surubas, seduções em parceria, cujo preço os casais dificilmente preveem – e quase nunca têm cacife para pagar.

O homem é, por natureza, polígamo?

Muito se fala da diferença entre homens e mulheres com relação à possibilidade biológica de ser fiel. A alegação é que a infidelidade masculina teria uma vantagem adaptativa, pois o macho poderia fecundar mais de uma fêmea, sem ter como ela a necessidade de se guardar até depois do nascimento da cria. Mas existiria mesmo alguma vantagem, do ponto de vista da evolução, no comportamento do macho humano de seduzir várias fêmeas ao mesmo tempo?

Com esse comportamento, os machos sedutores fariam com que mais dos genes que favorecem o poder de sedução passassem para a geração seguinte. Será que o poder de sedução é, em si, uma característica desejável e adaptativa? Seria vantajoso para a espécie humana ter uma frequência mais alta dos genes da sedução?

A resposta só será positiva se o critério pelo qual as fêmeas escolhem o macho, isto é, o procriador, for convergente com as necessidades de sobrevivência dos filhotes. Estas variam conforme as condições do ambiente que a espécie enfrenta – e é preciso levar em conta que a carga genética pouco se alterou da Idade da Pedra até hoje, ou seja, as características que teriam sido favorecidas pela poligamia continuam representadas em nosso patrimônio genético. Mas, por mais que a linguagem figurada fale em "matar vários leões por dia", ao se referir à competição no mundo empresarial, as características vantajosas para sobreviver no mundo de hoje são diferentes das que eram importantes na Idade da Pedra (e é preciso lembrar que dificilmente nossas arquiavós pré-históricas eram ouvidas sobre suas preferências).

É até razoável supor que a força física do macho fosse uma característica decisiva, tanto para a sobrevivência dos filhotes quanto para a conquista das fêmeas – ainda que fosse pelo bom uso do tacape. No século XIX, o filósofo Stuart Mill escrevia que o recurso à força física, por parte dos homens, era o único resquício do tempo das cavernas que ainda resistia ao avanço da civilização. Mas sua afirmação não era um elogio à superioridade física do homem, e sim uma crítica ao uso agressivo desse atributo. No século XXI, a brutalidade do mais forte se manifesta em situações das quais a humanidade só pode se envergonhar: nos porões das prisões, onde a tortura é uma prática largamente aplicada; e na intimidade dos lares, onde mulheres e crianças ainda são covardemente agredidas e violentadas.

A teoria do macho polígamo é sedutora, mas não resiste a uma análise mais profunda. A proporção de homens para mulheres, no começo da vida adulta (que é, do ponto de vista meramente biológico, o momento mais propício à procriação), é de um homem para uma mulher. Portanto, se um macho cobrir várias fêmeas, haverá outros tantos machos sem parceiras. Machos jovens e saudáveis, sem possibilidade de acasalamento, representam uma fonte segura de inquietação e agitação social.

Do ponto de vista da sobrevivência da espécie, o que importa não é a mera passagem de genes de uma geração para a seguinte, mas a transmissão ao longo de várias gerações do patrimônio genético bem adaptado – o que só estaria garantido se a prole dos polígamos sobrevivesse tempo suficiente para chegar à maturidade sexual, procriar e assim ter seus genes para a poligamia representados na geração seguinte. Ora, isso exige mais do que um macho sedutor: exige também um macho provedor e protetor, que garanta alimento e cuidados para a fêmea e os filhotes. Difícil imaginar um macho que dê conta de proteger e alimentar várias famílias simultaneamente. Para conseguir essa façanha, ele teria de contar com a ajuda de outros machos – esses sem fêmeas nem filhotes por quem olhar; ou dispostos a se sacrificar para cuidar de outra família, além da própria.

Ou seja: a poligamia só seria realmente vantajosa para uma espécie que contasse com um contingente de eunucos, dispostos a abrir mão do acasalamento; e de escravos, dispostos a funcionar em jornada dupla, para criar seus filhos e garantir com seu trabalho o alimento e a proteção de famílias de outros machos.

Desconfio que a teoria da vantagem biológica que favoreceria uma natureza polígama do macho da espécie humana deve ter sido criada por alguma (ou algum) feminista de carteirinha, pois tem como premissa a crença de que a única função do macho é fecundar as fêmeas – do resto, elas poderiam dar conta sem eles.

O que querem as mulheres?

Uma revista feminina de grande circulação fez entre 1965 e 1995, a intervalos de uma década, uma ampla enquete entre suas leitoras, para averiguar quais as qualidades consideradas mais importantes em um eventual parceiro. Uma comparação entre as respostas mais frequentes em cada década revela que, ao longo desse período, as mulheres escolheram como parceiro ideal, sucessivamente: o melhor dos guerreiros (quando a qualidade mais mencionada foi a coragem, na década de 1960); o melhor dos provedores (na década de 1970, quando as mulheres queriam um homem ambicioso); e o mais sensível dos amantes (nos anos 1980, quando se privilegiou a sensibilidade). Na década de 1990 (última vez em que a pesquisa foi realizada), as mulheres queriam para companheiro alguém em quem pudessem confiar: elegeram a fidelidade como a qualidade mais importante do parceiro.

Parece que as mulheres deste novo século já não estão interessadas em troféus. Mesmo porque o parceiro já não é mais o cartão de visitas pelo qual elas se dão a conhecer ao mundo: há tempo que frequentam os mesmos campos de batalha e neles conquistam seus próprios galardões. Estamos cansadas das agruras dessa guerra. No peito do amado, queremos descansar.

11

Para que serve a família hoje?

Enquanto alguns decretam em prosa e verso a morte da família, há os que alardeiam que a família está hoje mais sólida do que nunca. Os que acreditam que a família se transformou numa instituição obsoleta e inútil, cuja extinção não faria falta a ninguém, argumentam com o grande número de casais separados, a incompetência dos pais para educar os filhos, o adiamento do casamento por imposição das mulheres – que hoje se dedicam primeiro a consolidar uma carreira profissional, para só depois pensar em criar uma família. Os defensores da família rebatem, afirmando que foi justamente o empenho das mulheres com a carreira profissional que levou a uma maior simetria entre marido e mulher e a uma valorização do vínculo com os avós, sobre quem recai parte do cuidado das crianças; e citam a crescente dificuldade dos jovens para conquistar a autonomia financeira como um fator que os leva a depender da ajuda econômica dos pais, obrigando-os a permanecer por mais tempo sob o mesmo teto.

Afinal, ainda precisamos de família? Para quê?

O arsenal cultural acumulado pela humanidade ao longo das gerações ampliou nossa capacidade de adaptação, mas obrigou a espécie a prolongar o período de dependência dos filhotes. Agora, para se tornar um indivíduo independente, o filhote humano precisa amealhar uma grande quantidade de informações.

Várias estruturas grupais favorecem esse aprendizado sob a proteção de adultos mais velhos e experientes. A escola é uma delas. Mas, muito antes da escola, a estrutura que teve maior sucesso foi a reunião de pessoas pelo critério da consanguinidade – isto é, do parentesco. Esse tipo de grupo é o que chamamos de família. Sua função é preparar os recém-chegados para participar da sociedade em que a família está inserida. A forma pela qual isso é feito varia de uma sociedade para outra, mas sempre será preciso existir um grupo que exerça essa função.

Mas será que as famílias desta geração seguem os mesmos moldes da geração de seus pais?

No começo da relação amorosa, os parceiros fazem planos sobre a família que irão formar, que deverá ser diferente das famílias das quais eles vieram, pois vai ser construída com as verdades que acreditam ter descoberto (ou mesmo inventado). Essa ilusão não dura muito. A humanidade já acumulou um vasto acervo de sabedorias: abrir mão dele seria um desperdício. No entanto, cada casal refaz uma família na qual, por meio de uma revisão cotidiana, alguns modelos conhecidos serão rejeitados ou adaptados.

Quando os diferentes grupos humanos viviam geograficamente separados, os casamentos se faziam entre pessoas de origens culturais semelhantes e níveis socioeconômicos próximos. Nessas condições, as diferenças dentro do casal eram devidas às sutis diferenças de linguagem que caracterizam cada família. A queda das barreiras geográficas e culturais levou jovens de bagagens diferentes a frequentar a mesma escola, a assistir aos mesmos filmes e programas de televisão, a ler os mesmos livros. Ou seja, jovens de origens diferentes passaram a estar mais próximos do que estavam no tempo de seus pais e avós. Com isso, os casamentos mistos são mais frequentes.

A fantasia do casal de que as afinidades e experiências partilhadas tornam os parceiros iguais é desmentida pelas famílias: as diferenças entre os pais e avós, de um e outro lado, podem ser extremas. Assim, os novos casais precisam enfrentar vários desafios: cada parceiro precisa honrar e transmitir a cultura que recebeu de seus pais e ao mesmo tempo aceitar e respeitar a bagagem cultural do companheiro. Mas, por mais distantes que sejam as respectivas bagagens, elas refletem o fato de que não existe uma maneira única de resolver os problemas que a vida impõe. Uma criança só tem a ganhar se, desde o início da vida, entrar em contato com maneiras diferentes de ser amada. A humanidade também.

Cada geração tem de se avir com as inovações de seu tempo – e a estrutura familiar é, em cada época, desafiada por novas ameaças, que a obrigam a se modificar para sobreviver. Atualmente, estamos diante de questões ainda em aberto, para as quais podemos apenas sugerir respostas, sem a pretensão de dar a palavra definitiva. Aí vão alguns exemplos:

1. O COMPUTADOR É ALIADO OU INIMIGO DA FAMÍLIA?

Depende da família – e do uso que faz do computador. Ele é um fator de isolamento nas famílias em que o aparelho, mais do que um instrumento de trabalho e estudo, é usado como objeto de lazer e entretenimento, um sucedâneo ao mesmo tempo da televisão e do telefone. Nessas famílias, é comum a queixa de que cada membro se isola em seu quarto, ligado apenas ao universo virtual, refratário a qualquer contato com os humanos de carne e osso que o rodeiam. Mas existe um outro movimento: muitas empresas já permitem (algumas até preferem) que seus funcionários trabalhem à distância, usando o computador em casa. Só exigem a presença física do funcionário para reuniões ou para resolver em grupo alguns problemas específicos. Com isso, estamos assistindo a um retorno aos tempos em que o trabalho era feito na casa da família.

Essa situação, em si, não aproxima nem afasta o trabalhador de sua família. Alguns indivíduos ficam ainda mais isolados e presos às obrigações profissionais, uma vez que esse sistema escapa totalmente das garantias trabalhistas de horários de descansos, férias e fins de semana. Mas os pais que têm interesse em se aproximar dos filhos, em dar-lhes a conhecer seu trabalho, têm nesse sistema uma excelente oportunidade de desfazer o mistério que, em geral, cerca o universo profissional dos pais.

Ou seja, o computador não é nem aliado, nem inimigo. Está em campo neutro, à espera de ser cooptado por um ou outro lado.

2. OS PAIS AINDA TÊM O QUE ENSINAR ?

O computador levanta mais uma questão com relação à dinâmica da família. Afinal, a atual geração já nasceu plugada, lida com os botões de computadores, laptops, terminais eletrônicos e outros robôs como se fossem prolongamentos de seus dedos. Seus pais – e seus avós ainda mais – são imigrantes nesse país de língua estrangeira. Basta observar por alguns minutos o movimento em um caixa eletrônico: a maioria das pessoas mais velhas entra ressabiada e observa timidamente a desenvoltura com que as crianças – que as acompanham e protegem – operam aquelas máquinas misteriosas. Essa intimidade com a tecnologia garante aos jovens acesso imediato a todo o acervo de informações que a humanidade acumulou. Nessas condições, os pais ainda têm o que ensinar? Que papel cabe aos tradicionais transmissores de informações, os professores e a escola? A autoridade de pais e professores pode ser preservada, mesmo na ausência de uma hierarquia do saber?

Já há claros movimentos de mudança, tanto nas relações entre as gerações quanto na função da escola e dos professores. A autoridade dos pais não se baseia na posse acumulada de informações, mas na responsabilidade, que inegavelmente pesa sobre seus ombros, de criar e proteger os filhos. As informações são úteis para o exercício dessa tarefa, mas não basta ser bem informado para criar bem os filhos. A experiência e a sensibilidade, guiadas pelo afeto, são os instrumentos mais importantes desse processo. E a escola não é apenas o espaço da transmissão de informações, onde se formam pessoas cultas: é, sobretudo, um espaço de convivência, onde se formam cidadãos pensantes e responsáveis, onde se moldam as noções de solidariedade e respeito pelo próximo.

Além disso, a passagem do acervo cultural de uma geração para outra, feita tanto pelos pais e avós quanto pelos professores, não se dá de maneira neutra e impessoal. Ao contrário, as informações vêm embrulhadas numa visão crítica, colorida pelas crenças e valores de quem as transmite. Dado o bombardeio de estímulos a que nossos jovens estão expostos, cabe à família e à escola a importante missão de lhes fornecer uma escuta diferenciada, que os faça separar o joio do trigo. Isto é, temos todos a tarefa de transformá-los de esponjas em filtros, para que venham a ser aliados na batalha para fazer o mundo melhor.

3. O PATRIARCADO RESISTE À SIMETRIA ENTRE OS GÊNEROS ?

Outra questão atual refere-se à mudança na diferenciação dos gêneros – na qual está baseada a estrutura da família atual. Essa estrutura, ainda baseada no patriarcado, resiste a uma situação de simetria entre homens e mulheres? A divisão das tarefas domésticas não muda a imagem do pai como a principal fonte de autoridade – aquela de onde emana a lei? Como fica a divisão de poder? Ainda vale o conceito de "cabeça da família", no qual insistem os pesquisadores do censo?

As estatísticas do último censo (2007) dizem que o conceito já não faz sentido: 27% dos domicílios são "encabeçados" por mulheres, enquanto um número não revelado (e dificilmente calculável) tem o comando equitativamente dividido pelo casal, seja hétero ou homossexual.

✦

As respostas a essas – e outras – questões importantes estão sendo dadas na prática cotidiana dos casais, das famílias e das instituições sociais. Nenhuma delas ainda se mostrou definitiva. É até provável que não existam respostas definitivas para questões desse tipo. Felizmente. A evolução se dá pela certeza de que nossas ideias e convicções serão sempre ultrapassadas pelas gerações futuras. Talvez esse movimento contínuo e inevitável seja um dos ingredientes da receita que nos faz, aos humanos, flexíveis e permeáveis – e nos obriga a desenvolver aquela camada de húmus que faz a terra fértil e os homens, humildes e adaptáveis.

12

O amor entra em cena

O amor não é novidade na história da humanidade: ele faz parte da nossa bagagem desde sempre. A novidade dos últimos tempos foi a associação do amor com o casamento. De fato, na história da evolução humana, o amor – sob a forma de solidariedade – é provavelmente contemporâneo do próprio processo de diferenciação da nossa espécie. Sem essa capacidade, dificilmente a humanidade teria tido a chance de se desenvolver. Em comparação com as outras espécies pré-históricas, o *Homo erectus* é uma espécie mal equipada para a defesa: não possui uma mandíbula forte como a do lobo, não possui garras como o tigre nem braços fortes como os do urso. Também para fugir ou esconder-se, seus recursos são precários: a postura ereta não favorece o equilíbrio, as pernas não se prestam a corridas rápidas de longas distâncias, a pele sem pelos dificulta o mimetismo com a vegetação. No entanto, a espécie é, sem dúvida, um sucesso evolutivo. Como foi que conseguimos sobreviver a tantos perigos, em condições tão desfavoráveis?

É aí que entrou a solidariedade em nosso socorro. Isto é, provavelmente só chegamos até aqui porque fomos capazes de sublimar a agressividade (que de pouco nos servia, dado nosso precário aparato) e passamos a viver em grupo. Nossa possibilidade de sobreviver como espécie só se tornou real ao percebermos que a segurança de cada indivíduo dependia da segurança do grupo. Nesse contexto, o egoísmo confina com a solidariedade – que é, sem dúvida, uma das formas pelas quais o amor se apresenta.

Não só na trajetória da espécie, mas também na história de cada ser humano, reaparece nossa condenação ao vínculo amoroso. O bebê humano nasce prematuro; isto é, ao nascer ao fim das 36 semanas de gestação, ele ainda não está pronto para enfrentar o mundo. Essa antecipação é necessária, pois ele precisa passar pelo estreito canal do parto enquanto ainda existir um espaço não calcificado na parte superior da sua calota craniana (moleira). Mas isso implica um período de absoluta dependência do filhote que, sem os cuidados de um adulto, pereceria em poucos dias. Não é por acaso que as expressões de um bebê mobilizam nos adultos impulsos de ternura e proteção, componentes do sentimento amoroso: um bebê que não tivesse esses atributos não teria chance de sobreviver na ausência da mãe (para quem seu bebê tem sempre, a não ser em graves patologias do vínculo, o poder de mobilizar sentimentos de desvelo).

Assim, aprendemos a linguagem do afeto na condição da maior dependência, o que nos leva muitas vezes a identificar "amar" com "depender". Na adolescência se faz o grande teste: é possível ser amado mesmo quando se é independente? A resposta a essa pergunta é procurada por meio dos incansáveis confrontos entre gerações, em que o jovem exacerba suas divergências com pais e professores.

Se ele receber uma resposta negativa ou pouco clara, poderá vir a ter dificuldades numa futura relação amorosa. Se o jovem passar a acreditar que o único caminho para manter o afeto dos pais é o de abrir mão de suas ideias e desejos, provavelmente levará essa crença para os vínculos que formar quando adulto. Assim, ou vai tentar fugir de uma entrega amorosa mais completa, para não perder a liberdade; ou abrirá mão de suas ideias e interesses em prol de uma relação. Exemplos do primeiro polo são o Don Juan (incapaz de formar um vínculo verdadeiro e duradouro) e o eremita, que escolhe viver na solidão, para não correr o risco de perder a liberdade ao se prender a um vínculo afetivo. No outro extremo estão os casais que parecem padecer da "síndrome do juntismo", e funcionam somente em ordem unida: os parceiros expressam sempre os mesmos desejos e interesses, incapazes de tolerar qualquer divergência de gostos ou opiniões.

O idioma da tribo

Quando uma criança enfrenta uma situação emocional nova, que não consegue decodificar, ela procura em um adulto de confiança os sinais que lhe permitam compreender o que lhe aconteceu. Ao levar um tombo, por exemplo, antes de esboçar uma reação, a criança olha para a mãe – e é por meio da reação desta que ela vai saber se o tombo que levou é motivo de choro, de riso ou de medo. Essa comunicação se faz primordialmente por aspectos não verbais (são o gesto e o olhar, mais do que as palavras, que dão significado à reação do adulto); e o processo é, em grande parte, inconsciente. Esse movimento de procurar em alguém de confiança a interpretação de um evento novo, com o qual não sabemos lidar, continua ao longo de toda a vida: é na reação do médico, mais do que em suas palavras de encorajamento, que percebemos se aquela doença deve ou não nos inspirar cuidados; é no tom de voz da professora que o aluno descobre se é ou não aprovado por ela. E nos sentimos amados e aprovados quando reconhecemos nas expressões e nos gestos do outro os sinais que identificávamos como amorosos, na linguagem afetiva de nossa família de origem.

Muitos casais se queixam da dieta de penúria afetiva a que se sentem submetidos pelo parceiro. Mas muitos só estão desnutridos porque são incapazes de reconhecer como manifestações de afeto gestos e comportamentos carinhosos que são diferentes daqueles que identificavam como tal em sua família de origem. Fenecem por carência alimentar, mesmo com despensas fartas.

Na casa de Ana, por exemplo, todos os aniversários eram comemorados com festas. Desde pequena, ela se acostumou a viver o dia de seu aniversário como um dia diferente dos outros: era acordada com presentes e cantos de parabéns, sua mãe lhe preparava um almoço especial, havia sempre uma surpresa à sua espera quando voltava da escola. Na família de Marcos as festas não estavam ligadas a datas: o que se comemorava eram as conquistas pessoais, o retorno de viagens longas e outros eventos não cronológicos. Depois que Ana e Marcos se casaram, ela sempre ficava desapontada quando Marcos se esquecia do aniversário dela; e ele ficou magoado porque ela não festejou como ele esperava sua promoção à gerência da empresa. Ele nem se dava conta das elaboradas festas de aniversário que ela lhe proporcionava todos os anos – e ela não entendeu como demonstração de afeto a comemoração que ele organizou quando ela conseguiu seu certificado no curso de inglês.

O amor e o sapo

No biotério da Faculdade de Biologia viviam cobaias, ratos brancos, hamsters *– pequenos animais usados como sujeitos de pesquisas de genética e de comportamento. Os sapos não faziam parte dessa comunidade: seu uso, esporádico, restringia-se a aulas de demonstração e não havia necessidade de criá-los em cativeiro, bastava pegá-los na lagoa do campus.*

Quando um dos pesquisadores decidiu estudar o sistema de visão do sapo (que mantém semelhança com o mecanismo da visão humana), o encarregado do biotério foi obrigado a estudar o habitat *e os hábitos de alimentação dos novos pensionistas, pois a pesquisa implicava o acompanhamento em longo prazo das reações do animal a alguns experimentos.*

Mas os sapos não resistiam: morriam alguns dias depois de capturados. Com medo de que eles pudessem ser portadores de infecções e contaminassem outros animais do biotério, os mortos foram submetidos a autópsia – que constatou que todos tinham morrido de fome.

Mas como? O técnico garantia que tinha fornecido aos animais a mesma dieta que consumiam em seu habitat, *isto é, moscas. No entanto, eles não comiam: os sapos morriam cercados de uma fartura de moscas.*

De fato, lá estavam elas: pequenos pontos escuros e imóveis, no chão da gaiola. Sem nenhuma semelhança com aquilo que a memória dos sapos registra como alimento, isto é, pontos voadores que passam por cima da cabeça do animal, que os recolhe com um rápido golpe da língua. Jamais ocorreria a um sapo procurar a comida no chão.

Feitos um para o outro!

No início de um relacionamento amoroso, os parceiros, numa tentativa de confirmar o mito de que são feitos um para o outro, tendem a negar as diferenças e a valorizar e reforçar as afinidades. O casal se empenha não apenas em comprovar que os apaixonados são almas gêmeas: é preciso também reafirmar que aquele encontro, além de único, era altamente improvável, pois ambos são pessoas diferentes de todos os outros seres sobre a face da Terra. Nessa fase, os apaixonados costumam trocar informações desabonadoras sobre a própria família, que servem para reafirmar a importância do outro diante do universo de incompreensão e solidão em que ambos estiveram mergulhados até que ele aparecesse. São observações do tipo: "Na minha casa ninguém me entende, meu pai é um tirano, minha mãe, uma escrava submissa, minha irmã é uma egoísta que usa e estraga tudo o que é meu!". Os apaixonados se esquecem de que, se tudo sair conforme os sonhos de ambos, essas mesmas personagens um dia se tornarão sogros e cunhada – e daí vai ser mais difícil convencer o parceiro de que o casal deve comparecer aos almoços de domingos e jantares festivos.

Por mais efêmera que seja essa primeira fase da formação do vínculo (de identificação simbiótica dos parceiros, em oposição aos outros personagens do enredo), sua marca é indelével e gera eterna nostalgia (além de complicadas encrencas familiares, devido às referências negativas sobre os próprios parentes). Provavelmente, nenhum casal se forma sem passar por essa etapa. Mas nenhum casal sobrevive se não for capaz de ultrapassá-la e passar a encarar as diferenças – e então terá início a fase seguinte, de estranheza e inveja.

A descoberta das diferenças é, de início, dolorosa e ameaçadora. Reconhecer a alteridade do outro, isto é, perceber que ele tem uma identidade que transcende os limites do casal, é assustador: "se ele é diferente de mim, pode ser que tenha desejos que desconheço e que não sou capaz de atender". (Não é mesmo. Ninguém é. Felizmente.)

Mas a atração entre os parceiros se dá também pelo que os diferencia; ou seja, a gente se encanta com aquilo que o outro tem e a gente não tem, mas gostaria de ter. É assim que a garota acanhada e caseira, preocupada com receitas de cozinha e pontos de crochê, apaixona-se pelo capitão do time de basquete, que calha de ser o sujeito mais popular e festeiro da escola. Ou o jovem caipira, que mal sabe assinar o nome e jamais foi a um cinema, vai se enamorar justamente pela professora de literatura, sócia de cineclubes e frequentadora de teatros de vanguarda.

Apaixonar-se por alguém diferente pode ser um bom caminho para viver lados menos desenvolvidos da personalidade: por meio do namorado festeiro, a mocinha tímida pode dar vazão a seu lado mais sociável e conhecer pessoas interessantes; o rapaz sem cultura pode ajudar a douta professora a viver um lado menos intelectual – e até aprender com ela a gostar de ler. O problema está no que se esconde por trás dessa atração: a fantasia de que, ao se unir àquele parceiro, a gente se apossa daquilo que ele tem e nós desejamos. Como se a gente rejuvenescesse ao se casar com alguém mais moço; ou virasse doutor por se unir a alguém mais culto.

Mas essas aptidões não se transferem por contato: a moça retraída não fica mais extrovertida *porque* seu companheiro é assim; o iletrado não se torna um leitor competente porque sua namorada lê muito. E então, muitas vezes, desenvolve-se em surdina um sentimento de inveja, que faz com que cada parceiro tente destruir, no outro, justamente aquilo que mais o atraía. A partir daí, as diferenças aparentes e conhecidas (de idade, de origem, de cultura) podem servir de escudo para esconder os desencontros que de fato envenenam o convívio – e para os quais o casal não olha: diferenças de ritmo, de humor, de idiomas afetivos, de expectativas. É pelo descuido com essas questões – que podem ser reforçadas por diferenças cronológicas ou étnicas, mas não se restringem a elas – que se compromete a intimidade e acumulam-se os ressentimentos.

Muitos casais sucumbem nessa fase. Resistem os que têm recursos para tolerar as divergências e, mais que isso, respeitá-las. Não é fácil aceitar que a bagagem que o parceiro traz, na forma do código amoroso e cultural de sua família de origem, é diferente da nossa e assim mesmo tão válida quanto a nossa. Temos tendência a acreditar que o registro da dinâmica dos afetos que compõe a linguagem da nossa família é universal. Apesar de todas as queixas sobre a incompreensão dos parentes, do pedido implícito que se faz ao parceiro ("Por favor, por amor, me tire de Tebas, me afaste desse território perigoso!"), temos a maior resistência em aceitar e aprender uma nova linguagem afetiva. Ultrapassar essa etapa e reconhecer que existem diferentes formas de expressar o afeto é condição necessária para a consolidação de um vínculo amoroso, mas ainda não é o suficiente.

Tolerar as diferenças implica uma certa condescendência, a mesma que leva uma pessoa bem-educada a suportar uma presença desagradável, sem se aproximar nem tomar conhecimento dela. O respeito à diferença exige mais: exige um movimento de aproximação e o reconhecimento de que o outro é não apenas diferente, mas simétrico e equivalente.

Se nenhum casal se forma sem passar pela etapa de identificação, também nunca encontrei um casal que tivesse alguma chance de permanência sem chegar à etapa de conhecer e respeitar o que o parceiro tem de diferente. Mas os casais que têm as maiores probabilidades de formar um vínculo duradouro e enriquecedor são os que atingem o estágio mais avançado: o de celebrar as diferenças, reconhecer nelas a matéria-prima para a renovação e nutrição do vínculo amoroso. Afinal, as diferenças culturais e étnicas são testemunho da infinita criatividade da vida, que permite inúmeras formas de enfrentar os desafios do ambiente – todas igualmente adaptativas, todas igualmente importantes.

13

O que faz nascer uma relação amorosa?

A notícia da separação de um casal provoca curiosidade; às vezes, espanto: o que teria levado aquele casal (tão harmonioso!) a se separar? Por que uma relação amorosa termina? Mas ninguém se debruça com a mesma perplexidade sobre o mistério maior: o que faz nascer uma história de amor? O que leva uma pessoa a acreditar que a relação com aquele outro ser (e com nenhum outro!) é o único caminho para preencher sua incompletude, para afastar o sentimento de solidão?

O espanto deveria valer para todos os romances, não só para os casos que viraram livros, novelas, peças de teatro. A indagação se coloca não só para os Romeus e as Desdêmonas, mas para você, para mim, para a moça que vende verduras na feira. É esse o grande mistério, para o qual não existe resposta. Por que duas pessoas, que nem são parentes, que nunca se viram antes, de repente se olham de um jeito diferente... e o feitiço se faz? Daí em diante, a paz estará para sempre comprometida pelo medo da perda, pois sem o outro, sem *aquele* outro, parece impossível respirar, impossível sobreviver.

As respostas a essas perguntas ainda não foram encontradas nem pela ciência, nem pela filosofia, nem pelas artes (ainda que os poetas românticos sejam imbatíveis em descrever os sentimentos que cercam esse encontro). Mas podemos identificar alguns componentes da trajetória amorosa, a partir do momento da sua revelação – mesmo sem conseguir explicar o que exatamente mobiliza essas reações.

Os passos de uma relação amorosa

CURIOSIDADE
"Posso conhecê-la melhor?"

O primeiro impulso em direção a uma pessoa emana de um sentimento de curiosidade, um desejo de saber mais sobre o outro: quem é, o que faz, de onde vem... Esse interesse alimenta as conversas dos primeiros encontros e torna a escuta especialmente atenta, o que, por sua vez, faz com que o discurso seja eloquente e vivo. É por meio desses encontros que o casal avalia se a relação tem fôlego para mergulhos mais profundos.

SENSAÇÃO DE COMPETÊNCIA
"Com você a conversa flui, nem preciso me esforçar!"

O encanto de uma conversa depende, em grande parte, da percepção de ser ouvido e compreendido pelo outro. Como numa relação sexual, o prazer que se sente na conversa é diretamente proporcional ao prazer que se percebe no outro. A certeza de estar agradando cria um clima relaxado que favorece a espontaneidade da comunicação – passo importante para o aprofundamento do vínculo.

Atitudes que alimentam o relacionamento

1. *Expor o desejo, sem imaginar que este se transforma numa ordem.*
2. *Dizer claramente o que pensa, sem esperar que o outro adivinhe seus pensamentos.*
3. *Agradecer as gentilezas e retribuir gestos de carinho.*
4. *Prestar atenção nas pequenas idiossincrasias e respeitá-las sempre que possível (pasta de dentes apertada no meio, cabides pendurados simetricamente, por exemplo).*
5. *Negociar interesses divergentes.*
6. *Estabelecer com clareza os próprios limites.*
7. *Demonstrar que aprecia a companhia do parceiro e desfruta dela.*
8. *Interessar-se pelos projetos e atividades do outro.*
9. *Fazer programas com amigos (de ambos, juntos ou separados).*
10. *Receber com cordialidade os amigos do outro.*
11. *Respeitar a necessidade de momentos de solidão, ainda que não ocorram simultaneamente.*
12. *Indagar o parceiro sobre seus desejos e vontades.*
13. *Tomar cuidado, durante as brigas, para não agir de maneira a se arrepender no dia seguinte (lembre-se que a raiva passa, mas a mágoa fica).*
14. *Manter interesses e amigos independentes do outro.*
15. *Respeitar os amigos e interesses do outro, ainda que independentes dos seus.*

CONTINÊNCIA

"Quando você fala, tudo parece mais fácil"

Algumas conversas são transformadoras: têm o dom de enriquecer nossa percepção do mundo e ampliar o contato que temos com nossos sentimentos. Ao ouvir o relato de um episódio doloroso de que fomos protagonistas, um interlocutor privilegiado é capaz de formular intervenções que nos ajudam a compreender o que aconteceu, e nos levam a descobrir nuanças que atenuam a importância da situação vivida – e, assim, tornam mais tolerável a lembrança do episódio. Um parceiro que seja capaz de exercer essa função com competência conquista um espaço diferenciado em nossa vida afetiva.

ADMIRAÇÃO

"Aprendo tanto com ele!"

A descoberta dos conhecimentos e habilidades do outro provoca prazer e admiração – por isso, ambos procuram, sempre que possível, criar situações em que as qualidades de cada um tenham mais possibilidade de aparecer. Ao mesmo tempo, captar um olhar de admiração na expressão do outro é um alimento precioso para o vínculo amoroso. O olhar que reafirma o afeto e confirma as qualidades torna-se o espelho preferencial no qual cada parceiro procura seu reflexo. Uma das traduções mais verdadeiras da expressão "eu te amo" é: "gosto do jeito que você me vê".

ILUMINAÇÃO DIFERENCIAL

"Bons olhos a vejam!"

Uma das consequências do item anterior é que a presença da pessoa amada tem o efeito de ressaltar o que o parceiro tem de melhor, deixando à sombra os traços menos favoráveis. É como se o outro emitisse uma luz cujo comprimento de onda ilumina as melhores facetas do parceiro – o que faz com que ambos se sintam sedutores e atraentes. Esse processo desencadeia um mecanismo de realimentação positiva, em que cada um mobiliza os aspectos mais favoráveis da personalidade do outro – o que, por sua vez, estimula o desejo de ficar perto.

Conflitos do casamento

"Meu marido me dá de tudo,
não deixa faltar nada em casa: tem internet,
tv a cabo, até uma tv de plasma ele comprou.
E é um homem bom:
só me bate quando bebe."

14

Inimigos da relação amorosa

Um dos mitos gregos mais conhecidos conta a história de Medeia, Jasão e o Velocino de Ouro (a pele de um carneiro mágico que tinha sido oferecido em sacrifício a Zeus). Vários heróis já tinham tentado sem sucesso conquistar a preciosa pele, que pertencia a Eestes, rei de Cólquita. Foi então organizada uma expedição de cerca de cinquenta dos maiores heróis da Grécia Antiga, para se apossar do velocino. A bordo do navio Argo, o mais veloz construído até então, os Argonautas, sob o comando de Jasão, chegaram em Cólquida.

Para não se confrontar com guerreiros assim poderosos, o rei Eestes concordou em receber o chefe dos Argonautas e negociar a entrega do Velocino. Determinou, porém, como condição, que Jasão semeasse alguns dentes do dragão que Cadmo tinha vencido em Tebas, usando um arado ao qual estavam atrelados dois touros de cascos de bronze. Além disso, deveria destruir os homens armados que surgiriam para impedi-lo de realizar a tarefa.

Jasão concordou com todas estas condições, e teve a sorte de receber a ajuda da filha do rei, a feiticeira Medeia, que lhe entregou uma poção mágica para torná-lo invulnerável – e assim Jasão foi bem-sucedido em todas as tarefas. Medeia fez ainda adormecer a serpente que guardava o Velocino e o herói conseguiu arrebatá-lo, juntar-se a seus companheiros e fugir pelo mar.

Agora, no entanto, os Argonautas já não estavam sós: Medeia, apaixonada por Jasão, decidiu acompanhá-lo até sua pátria e casar-se com ele. Depois de dois filhos e dez anos de casamento, Jasão cansou-se de sua esposa e quis deixá-la por Gláucia, a jovem filha do rei de Corinto. Medeia, enlouquecida de ciúmes, mandou de presente a Gláucia um vestido que grudou em sua pele e a rasgou. Para punir Jasão ainda mais, Medeia matou seus próprios filhos, antes de escapar para o céu numa carruagem flamejante.

Jasão passou à história como um homem ingrato que abandonou a companheira a quem devia seu sucesso; enquanto Medeia tornou-se o protótipo da mulher ciumenta, que não hesita em sacrificar os filhos para vingar-se do marido. O que a história não ressalta é que Medeia encontrou o grande herói num momento de fragilidade e indecisão e, sem esperar por um pedido de ajuda, resolveu com suas mágicas as tarefas que Jasão deveria executar para conquistar o Velocino de Ouro. Ao vê-lo ser recebido como herói, no retorno à sua terra, Medeia sabia que o mérito da conquista não era dele e, por isso, não podia olhá-lo com a mesma admiração e encantamento com que os outros o viam.

✦

Não é fácil para um homem – que é publicamente aplaudido e admirado – ter de se comportar em sua casa como um reles mortal, destituído de mérito e de mistérios. Não é de espantar que ele procure se mirar no olhar reverente de uma jovem princesa (ou secretária, ou assistente). O que leva muitos homens bem-sucedidos a ligar-se a uma mulher mais jovem e inexperiente é –

muito mais do que um ventre achatado, um rosto sem rugas e um bumbum empinado – a imagem dele que esses olhos encantados refletem: nesse espelho, ele se vê como o sedutor, o conquistador, o coroado.

O QUE FAZ MORRER UMA HISTÓRIA DE AMOR?

Será possível reconhecer e acompanhar o roteiro da agonia e morte de um vínculo amoroso? Existem sinais e sintomas que permitem diagnosticar a doença fatal do desamor?

PRIMEIRO SINAL
A *MESMICE*
Manifestação direta da perda da curiosidade

Depois de algum tempo de relacionamento, os parceiros passam a acreditar que cada um conhece o outro a fundo, que é sempre capaz de adivinhar o que o parceiro sente e pensa. Daí em diante, a comunicação praticamente se interrompe: as frases não chegam a ser pronunciadas até o final, as respostas chegam antes que as perguntas tomem forma. Não há espaço sequer para corrigir os desvios de interpretação, não cabe mais a pergunta salvadora ("O que você quer dizer com isso?"). Se um dos dois se atrever a desmentir a interpretação do outro ("Não era absolutamente isso que eu queria dizer!"), em vez de ouvir um pedido de esclarecimentos, será bombardeado com um: "Sei muito bem o que você queria dizer, eu te conheço direitinho, você não me tapeia!"

A partir daí, o casal está condenado a viver sob o império do silêncio, no qual se cavam abismos de desentendimentos e incompreensões, pois cada um dos parceiros passa a manter um diálogo interior com suas fantasias sobre as ideias e os sentimentos do outro – cada vez mais distanciadas do que o outro realmente pensa e sente.

SEGUNDO SINAL
O TÉDIO
Filhote da mesmice

Com a perda da comunicação, há pouca possibilidade de descobrir novas facetas do companheiro que por sua vez desiste de se expor, depois de ser reiteradamente mal compreendido. Em um retorno à perda de identidade dos primeiros tempos, agora há um congelamento do outro em facetas supostamente conhecidas, um desinteresse por propostas que poderiam arejar conexões antigas ou despertar novos aspectos da personalidade de cada um para formar conexões novas. A relação perde o brilho, os parceiros se descuidam, de si mesmo e do outro.

TERCEIRO SINAL
SENSAÇÃO DE INCOMPETÊNCIA

Assim como no início do relacionamento cada um valoriza as peculiaridades do outro e tem prazer em sinalizar seu agrado, uma convivência longa tem o dom de inverter esse processo: as gracinhas viram defeitos, cada um parece sentir prazer em criar situações que ressaltam as dificuldades do outro. Apontar falhas e incompetências torna-se um divertimento permanente, sobretudo na presença de terceiros. A partir daí, o olhar desdenhoso que cada um pousa no outro desvela e reforça a incompetência, nega-lhe qualquer valor, congela a distância e decreta a morte da relação.

QUARTO SINAL
ILUMINAÇÃO DIFERENCIAL
O ET às avessas

A convivência cotidiana leva o casal a entrar em contato com outras facetas daquelas mesmas características que, antes, exerciam grande atração: a liberdade pode ser bagunceira, desorganizadora, irresponsável; assim como a tranquilidade pode ser preguiçosa, obsessiva, pesada. Sem que o outro tenha se modificado, sem que tenha sequer se movido do lugar, tudo aquilo que antes encantava, agora irrita. O que mudou? O olhar. O objeto continua o mesmo, a diferença está na maneira como palavras e atitudes são vistas.

O cinema oferece inúmeros exemplos do poder dos sentimentos sobre a maneira como se percebe uma imagem. No filme *ET, o Extraterrestre*, de Steven Spielberg, a primeira reação que a visão daquele estranho ser nos provoca é de susto; depois, quando nos convencemos (por meio do olhar da protagonista) que o bichinho não é violento, passamos a olhá-lo com certa repugnância: a pele rugosa, os olhos remelentos, as narinas abertas e úmidas, o som gutural que sai de sua garganta, tudo isso nos remete a répteis asquerosos. Mas, já no final do filme, tudo muda e os aspectos antes repulsivos agora mobilizam nossa ternura: os olhos do ET refletem desamparo, a pele transmite uma sensação de frio que pede aconchego, o som primitivo se transforma em um lamento. Notem que Mestre Spielberg não mudou nenhum detalhe do ET: o boneco inflado é o mesmo, e o mesmo tipo de luz incide sobre a figura. Mas já não é a mesma a luz que emana de dentro de nós, e os sentimentos com os quais iluminamos a imagem transformam totalmente o que passamos a ver agora.

Pois confesso que, muitas vezes, no meu trabalho com casais, tenho a impressão de que algumas histórias de amor são como o filme *ET*, só que passado de trás para frente: tudo aquilo que antes encantava, agora repele ou, até mesmo, assusta...

"Aimez-vous Brahms?"

"Você gosta de Brahms?" – indagava o cartão que acompanhava as flores que a protagonista recebeu, no filme de Anatole Litvak, baseado no romance de Françoise Sagan. E Paula se dá conta de que não sabe responder à pergunta: depois de muitos anos de casada, fazia tempo que não ouvia perguntas a respeito de seus gostos. Ela mesma já não se indagava sobre suas preferências e percebeu que nem sabia mais se gostava de suco de uva ou de abacaxi, se preferia vinho branco ou tinto, rosas ou violetas, carne ou peixe: suas escolhas estavam cristalizadas há anos, seu marido (que há pouco a tinha trocado por outra mulher) não lhe perguntava mais nada, dava por sabidas todas as suas respostas.

A inocente pergunta sobre aquele que um dia tinha sido seu compositor predileto fez com que ela se desse conta de que há muito tempo ouvia só Beethoven e Chopin – provavelmente, os preferidos de seu ex-marido.

Algumas atitudes que atrapalham

1. *Insistir num tema depois que o outro pede para não falar no assunto (é claro que você pode voltar ao tema em outro momento, mas encompridar uma conversa que irrita o interlocutor não leva a nada além de uma briga).*
2. *Imaginar que sabe tudo o que o outro sente ou pensa.*
3. *Interromper um relato do parceiro para corrigir detalhes, quando ele está contando a um terceiro algum episódio da vida do casal.*
4. *Fazer surpresas que podem gerar desapontamentos para ambos (festa-surpresa de aniversário, por exemplo, se o outro nunca expressou o desejo de festejar o aniversário).*
5. *Ficar mortalmente desapontado quando recebe uma surpresa que preferia não receber.*
6. *Ficar mortalmente desapontado com o desapontamento do outro, quando ele não gosta de uma surpresa.*
7. *Criticar a família dele.*
8. *Invadir os espaços do outro.*
9. *Discutir na frente de outras pessoas.*
10. *Fingir que gosta do que não gosta.*
11. *Fingir que não gosta do que gosta.*
12. *Envolver familiares (de qualquer dos lados) em assuntos do casal.*
13. *Pontificar sobre o que o parceiro deve ou não fazer (mesmo que ele peça sua opinião, ela deve ser expressa como opinião, e não como a palavra final da sabedoria).*

15

Armadilhas do relacionamento amoroso

Quase todas as comédias do cinema mudo mostrava uma espécie de armadilha, colocada no mesmo lugar desde as primeiras cenas, em que o protagonista invariavelmente cai toda vez que passa por ali, por mais que a situação se repita. Pois na relação amorosa acontece um fenômeno desse mesmo tipo: as ciladas em que caímos são, quase todas, disfarces dos mesmos alçapões, que representam a cegueira da paixão e a dificuldade de lidar com o fato de que o casal é composto por duas pessoas diferentes.

Conhecer essas ciladas não é suficiente para evitá-las, mas sempre serve de consolo saber que não é por incompetência pessoal que se cai nelas: é assim com todo mundo. Não há diploma de pós-graduação nem quilometragem de experiência de vida que nos permita andar com segurança sobre essas areias movediças.

O AMOR É CEGO

Cego, teimoso e orgulhoso. É quase impossível vencer a barreira que o apaixonado levanta para proteger o jeito como ele enxerga o objeto de sua paixão. A mãe, a melhor amiga, o amigo do peito sentem, todos, a mesma impotência ao tentar abrir os olhos de quem não quer ver. "Ninguém conhece esse homem como eu!"; "Vocês não sabem do que estão falando"; "É pura inveja de fofoqueiros!". Essas são típicas respostas de um apaixonado às advertências bem-intencionadas dos amigos. E não adianta apontar fatos concretos, provas objetivas de falta de caráter ou de insensibilidade; o apaixonado encontra desculpas para tudo. Títulos protestados, falência fraudulenta? Nada disso é verdadeiro, a explicação é outra: o mundo está materialista demais, o amado só tem interesses espirituais, o sócio dele era desonesto. Foi pego colando no teste? É que a madrinha tinha ido para o hospital na véspera do exame, ele tinha passado a noite ao lado dela, coitado. O professor deveria ser mais compreensivo.

É inútil insistir: essa muralha é intransponível. Nem poderia ser de outro jeito; afinal de contas, boa parte do que sentimos pelo outro é fruto do nosso jeito de olhar para ele, vem da nossa capacidade de acreditar que ele é como gostaríamos que ele fosse. Quando uma pessoa apaixonada afirma que só ela conhece o seu amado, isso é uma verdade. Afinal, ninguém pode ver esse ser com as cores com que ela é capaz de pintá-lo.

"Adivinho seus desejos"

Um dos exemplos mais pungentes dessa armadilha é um clássico conto de Natal, de autoria de O. Henry, que narra a história de um jovem casal, muito apaixonado e muito pobre. O único objeto de valor que o rapaz possuía era um belo relógio de ouro, herança de seu avô – que ele não podia usar, pois as garras do tempo há muito tinham esgarçado o couro da pulseira. A garota não tinha nada de valioso – a não ser a longa e abundante cabeleira, que muito a envaidecia, mas que também a atrapalhava um bocado, pois ela nunca conseguira encontrar uma fivela ao mesmo tempo forte, bonita e barata para prender os cabelos rebeldes.

Naquele Natal, sem dinheiro para comprar presentes, cada um resolveu surpreender o parceiro, presenteando-o com o que acreditava ser o mais importante objeto do desejo do outro. Então, para comprar uma pulseira de ouro para o belo relógio de seu amado, ela cortou os cabelos bem curtinhos e vendeu sua preciosa cabeleira a um fabricante de perucas; ao mesmo tempo em que ele vendia seu relógio para, com o dinheiro obtido, comprar uma caríssima fivela de ouro e tartaruga para prender e enfeitar os cabelos de sua amada. Feliz Natal?

O que faltou a esse casal para transformar uma ideia amorosa em alegria, e não em tristeza e consternação? Faltou livrar-se da típica armadilha de querer adivinhar os pensamentos do outro e esquecer que o amado tem ideias próprias e é capaz de tomar decisões de que o parceiro nem suspeita. Vender relógios e cortar cabelos não são, nem de longe, as mais surpreendentes.

"Com jeitinho tudo se resolve!"

Uma armadilha frequente é a certeza de que o amor e a convivência terão o poder de eliminar as dificuldades. "Depois ele muda, com carinho e jeitinho tudo se resolve!" É aí que uma história de amor corre o risco de se transformar em um contínuo desafio, numa permanente queda de braço para decidir quem vai ceder, quem vai ter força suficiente para dobrar o outro e refazê-lo à sua imagem e semelhança.

Ainda bem que nenhum dos parceiros consegue uma vitória completa nessas batalhas. Mas muito desgaste e azedume seriam evitados se o casal percebesse que, se os parceiros se tornassem iguais, o vínculo perderia a possibilidade de renovação e enriquecimento: o casal se congelaria na imagem em espelho que cada parceiro reflete.

As vantagens da fraqueza

Foi o marido quem ligou para meu consultório para marcar hora – e marcou a sessão em seu nome, sem mencionar que se tratava de terapia de casal. Na hora marcada, quando fui até a sala de espera para acompanhar meu novo paciente, tive a surpresa de vê-lo dirigir-se à minha sala seguido por uma espécie de sombra, uma silhueta feminina que eu mal conseguia enxergar por trás dele.

Foi assim mesmo que eles se sentaram diante de mim, no sofá de dois lugares: ele ocupou quase todo o espaço, ela ficou encolhidinha lá atrás. Não tive nem tempo de perguntar o que os trazia ali: o marido começou imediatamente a falar. Queixou-se da timidez e falta de iniciativa da esposa, com quem se tinha casado há pouco mais de dez anos. Casamento feliz, dois filhos. Acrescentou que ela sempre tinha sido tímida, antes isso não era defeito, ele até gostava dela assim. Mas agora ele ocupava uma posição profissional que o obrigava a frequentar reuniões e a receber pessoas – e ela não o acompanhava, ficava insegura para organizar festas em casa, não queria participar de nada. E ele temia que essa dificuldade dela acabasse provocando a separação do casal, apesar do grande amor que os unia.

Eu observava e ouvia, mais interessada na música do que na letra daquela canção – afinal conhecida, repetitiva. O que eu via me incomodava: ela cada vez mais encolhida, olhos baixos, mãos desajeitadamente escondidas debaixo dos braços cruzados; ele cada vez mais entusiasmado, a voz forte, os gestos amplos. Alguém menos atento acabaria por esquecer que havia mais uma pessoa na sala, além de nós dois.

Para entender o significado daquela dinâmica, interrompi o monólogo dele e dirigi uma pergunta diretamente a ela. Sua resposta foi um vagido quase inaudível, incompreensível. Insisti na pergunta, mas, em vez de me responder, ela ergueu para o marido um olhar súplice e emitiu um miado, que ele imediatamente se encarregou de traduzir, informando-me que sua esposa estava dizendo que...

Não importam os detalhes da história desse casal, aliás banal. O que importa é que com o decorrer das sessões aquela mulher foi readquirindo a própria voz, passou a ocupar seu espaço – tanto física quanto simbolicamente – e a expressar suas angústias e desejos. O marido, enquanto isso, parecia seguir o caminho oposto: sem a tarefa de falar por ela, já não tinha a mesma facilidade para encontrar as palavras; sem a necessidade de protegê-la e ampará-la, parecia não se sentir tão seguro de si. Toda vez que eu o convidava a expressar suas ansiedades e inseguranças, sentia-se perdido, como se caminhasse por um território desconhecido. Não foi difícil identificar que o espaço não desbravado, onde ele se sentia inseguro, era o universo das emoções. A tarefa de servir o tempo todo de guia e guardião de uma mulher que parecia incapaz de lidar com as dificuldades práticas da vida servira de escudo para ele se proteger das suas dificuldades emocionais.

É natural que uma pessoa frágil e insegura se sinta atraída por alguém forte e protetor. Não há mal algum em que, com base nisso, se estabeleça uma relação que se pretende permanente. O problema é que ninguém é inteiramente fraco, nem ninguém consegue ser forte em todos os aspectos da vida. Pode ser penoso estar ligado a uma pessoa dependente, mas há um lado envaidecedor em se sentir assim importante para o outro. Junto de alguém desamparado, o outro se faz protetor, sente-se generoso. E quem não gosta de se sentir assim? Então, muitas vezes, marido e mulher fazem uma espécie de pacto inconsciente que leva cada um a comportar-se de maneira estereotipada: quem se mostrou fraco, no início da relação, vai ficar assim para sempre. E vice-versa.

O que deixa a situação ainda mais difícil é que o casal alimenta a fantasia de que o casamento se mantém graças a essa imobilidade. É fácil denunciar essa crença, pois ela se revela por comportamentos e atitudes que mostram que o parceiro considerado forte está disposto a tudo pelo outro, menos a colaborar com projetos que realmente o ajudariam a crescer. Sem nenhuma maldade – pelo contrário, acreditando piamente que está sendo generoso e provedor – , são oferecidas opções que tendem a manter inalterado o desequilíbrio e asseguram a ambos a permanência do roteiro conhecido. Ou seja, para o príncipe se sentir eternamente herói, é preciso que a donzela permaneça indefesa, à mercê das bruxarias e sortilégios da maldade. Para que a fada madrinha tenha sempre consciência da força de sua varinha de condão, é preciso que seu protegido não seja capaz de vencer sozinho os seus inimigos. Mas a vida é feita de movimento, de mudanças, de riscos. E um pacto de imobilidade é, na verdade, um pacto de morte.

Isso acontece sobretudo com aquelas pessoas que só conseguem se apaixonar pelo olhar de admiração que provocam. Para garantir a permanente devoção do outro, escolhem companheiros desamparados, isto é, pessoas que, sozinhas, parecem não ter capacidade de sobreviver. Formam vínculos que se baseiam em uma descarada assimetria, numa desigualdade que beira a impossibilidade: mulheres inteligentes e bem-humoradas prendem-se a maridos que parecem ter um compromisso com o fracasso; homens arrojados e competentes ligam-se a mulheres medrosas e despreparadas para a vida. Quem se depara com um desses casais não pode deixar de questionar o que, afinal, faz com que uma pessoa forte e interessante permaneça ligada a alguém fraco e insignificante.

A pergunta realmente importante é outra. Para desvendar esse nó, o que interessa pesquisar é: o que faria essa pessoa poderosa sem um parceiro assim desamparado? E a resposta é quase sempre a mesma: não se sentiria tão competente e teria de lidar com a própria fragilidade, seria obrigada a reconhecer o próprio desamparo. Um companheiro fraco pode servir justamente para fazer o outro se sentir forte e protetor.

✦

Não basta conhecer esse elenco de armadilhas para evitá-las. Talvez nem seja vantajoso, para um casal, escapar de todos esses enredos. Passar por algumas dessas experiências, ainda que frustrantes, pode levar os parceiros a se conhecerem mais intimamente e, assim, o relacionamento tem chance de crescer e amadurecer. A vantagem de saber que essas ciladas fazem parte do caminho do casal é que o conhecimento torna mais fácil identificá-las e assim, ao cair nelas, o casal provavelmente sairá desses enredos viciados mais depressa e com menos sofrimento. Mas, na relação amorosa, nenhuma sabedoria serve como garantia de felicidade.

16

Falando de sexo

"Se, no primeiro ano de casamento, um casal pusesse uma moeda em um pote cada vez que fizesse amor e, a partir do segundo ano, passasse a retirá-las, uma a uma, cada vez que tivesse uma relação sexual, o pote jamais ficaria vazio."

A anedota é até engraçada, mas tem um conteúdo melancólico: insinua que a paixão não resiste ao desgaste do cotidiano; sugere que, com o passar do tempo, uma história de amor perde o brilho. Fala de tédio e afastamento, de desencanto e ilusões perdidas. Será que tem de ser assim? Os arroubos da paixão serão incompatíveis com a vida conjugal? O que acontece em um casamento para que os encontros do casal se tornem cada vez mais ralos e raros?

As histórias de fadas não são mentirosas. Elas ressaltam as armadilhas e perigos que marcam o caminho dos apaixonados, e na vida real também o encontro amoroso só acontece depois que os amantes vencem as forças a serviço do desamor – o medo da entrega, o egoísmo, a insegurança. Mas os contos de fadas terminam quando a vida começa: não ensinam a mágica que faz os heróis "felizes para sempre". E nós, embalados pelas histórias que marcaram nossa infância, somos levados a acreditar que o casamento é uma garantia de eterna completude e que o encontro amoroso trará a segurança de um afeto incondicional e a excitação do mistério, sem perder jamais o brilho do efêmero. No automático, sem esforço nem dor.

E assim, nossos príncipes e princesas, antes dispostos a enfrentar todos os obstáculos para cair nos braços um do outro, agora caem na armadilha de acreditar que a partir daí tudo está resolvido: de agora em diante, instalados em seu reino, esperam descansar para sempre sobre os louros da vitória, confiando que o vínculo que os une terá força suficiente para livrá-los de todos os sortilégios do mal.

Engano perigoso, pois a batalha do amor se faz a cada dia. Os perigos se renovam, mudam de aspecto, mas continuam poderosos. É preciso estar alerta para não se deixar seduzir pelos aliados da morte; é necessário ser forte e valente para não ser tragado pelas areias movediças da mesmice. Sobretudo, é preciso ser sábio para reconhecer esses inimigos – que se escondem atrás de máscaras inocentes, como as contínuas concessões ao tédio, os pequenos descuidos com o outro.

O que a anedota não revela, porém, é que naquele baú há moedas e moedas: há níqueis de vintém e patacões de ouro. E se é verdade que, no primeiro ano do casamento, são numerosas as moedas depositadas, elas são, quase todas, níqueis de vintém. Os patacões de ouro, desses de verdade, de ouro puro, só vão aparecer mais tarde, quando a confiança estiver estribada em experiências vividas, não em ilusões do desejo; quando o conhecimento dos corpos, associado à entrega verdadeira, tiver desvendado os caminhos ocultos do prazer.

O aprofundamento da intimidade torna a entrega amorosa mais intensa, mais completa. Ainda assim é preciso estar atento para impedir que o ato sexual se cristalize em um encontro automático e burocrático, mero apertar dos botões adequados numa sequência congelada. No universo plurifacetado da sexualidade humana, o aprendizado é contínuo e constante. E é mais fácil aprender quando o aprendizado se dá em um clima de prazer pelo processo, não de ansiedade pelo resultado.

O AMOR TEM MIL CARAS

Uma relação amorosa pode se expressar por inúmeros canais: ternura, paixão, solidariedade, parceria são algumas das facetas pelas quais o amor se apresenta, conforme o cardápio que a vida propõe ao casal em diferentes momentos. Então, é perfeitamente natural que a paixão (que tem no desejo sexual seu canal privilegiado) dê lugar a outras manifestações em diferentes fases do relacionamento. Mas nada disso acontece se os parceiros não se derem ao cotidiano trabalho de lavrar a terra conjugal (tão propícia ao desenvolvimento de ervas daninhas!), e se não dedicarem à manutenção do vínculo amoroso a mesma energia e cuidado que investiram na fase da conquista.

O ÚLTIMO BALUARTE DO HOMEM

A luta das mulheres para se libertar de toda uma história de submissão e silêncio atravessa todos os aspectos da vida, desde as camadas mais públicas (como a disputa pelo poder político) até a esfera da maior intimidade: a sexualidade. A pílula anticoncepcional permitiu à mulher assumir a sua sexualidade, o que implica conhecer e expressar seus desejos e fantasias. Essa atitude agrada alguns homens e intimida outros, que se sentem constrangidos quando a mulher toma a iniciativa de procurá-los sexualmente. Mesmo que o casal tenha um vínculo estável e simétrico, em que os parceiros respeitam as mútuas divergências, dialogam de igual para igual diante de um problema e tomam juntos todas as decisões importantes, o comportamento muda quando se trata de sexo: se a mulher toma a iniciativa, o parceiro esfria. Para alguns homens, tomar a iniciativa na cama ainda é prerrogativa do macho.

Em uma área eminentemente emocional como a sexualidade, não estão em ação os processos racionais e amadurecidos da personalidade, mas sim os aspectos mais primitivos, mais distantes do controle consciente, que sofrem a pressão dos estereótipos dos papéis sexuais em nossa cultura: homem não chora, não tem medo de nada, é por natureza um amante sábio, está sempre sexualmente alerta (aliás, não pensa em outra coisa!) e não leva desaforo para casa. Com uma expectativa dessas, é natural que um homem tenha medo de ser posto à prova.

Quando um homem procura sexualmente sua parceira, a escolha do momento foi feita por ele, a partir de algum aquecimento interno. Assim, ao esboçar o primeiro gesto de aproximação, ele já percorreu uma parte do caminho, e isso o leva a sentir que tem algum domínio sobre a situação. Mas, se é a companheira que o procura, a hora do encontro é escolhida por ela – a ele cabe responder. Pode acontecer que, nesse momento, ele não se sinta pronto para a resposta e tenha medo de falhar e desapontar a parceira.

Existe também o outro lado da moeda: alguns homens lamentam que se sentem como pedintes, por ter sempre de iniciar os jogos sexuais, sem jamais ter a oportunidade de se sentirem procurados e desejados. O importante nessa coreografia não é discutir quem vai começar a dança, mas desvendar o que cada um espera do outro e como cada um interpreta as mensagens do companheiro. O mesmo gesto pode ser entendido como um convite ou como uma cobrança, um movimento de aproximação pode ser o início de um episódio de sedução ou de uma cena de estupro.

Se quem estiver interessado sempre tomar a iniciativa, os parceiros vão se conhecer melhor. E se cada um puder aceitar o eventual desinteresse do outro sem mágoas nem sentimentos de rejeição, ambos estarão mais à vontade para expressar o que sentem.

Um vazio sem remédio

Em um casamento de muitos anos, o casal atravessa lado a lado várias etapas da vida: a vitalidade e esperança dos 20 anos são substituídas pelas ambições e esforços dos 30, que por sua vez dão lugar às frustrações e desencantos dos 40 – quando, em geral, faz-se uma revisão de metas e valores, na busca de um estilo de vida mais compatível com referenciais internos, menos ligados a preocupações de aparência e *status*. Essa reformulação pode levar a uma vida mais tranquila e gratificante nas décadas seguintes.

Outras dimensões significativas da vida do casal também passam por modificações importantes: à alegria e ansiedade das gestações e nascimentos dos primeiros anos segue-se a dificuldade de acomodar as exigências profissionais com a necessidade de acompanhar o desempenho escolar das crianças; a turbulência dos anos de adolescência é substituída pela tranquilidade do dever cumprido quando os filhos se formam; e, quando tudo funciona a contento, pela calmaria que se instala na vida do casal quando os jovens saem de casa.

É então que o casal, depois de um longo período em que cada um se debruçava sobre suas próprias tarefas, está de novo sozinho como no início da trajetória. Esse pode ser um momento de um perigoso estranhamento ou de um feliz reencontro. É quase inevitável um sentimento de vazio: de fato, se a vida deu certo, os objetivos iniciais foram atingidos, os sonhos e projetos foram realizados ou substituídos. Nem todos os casais são capazes de encarar esse vazio e elaborar novos planos, nem todos conseguem discriminar qual parte desse sentimento emana do vínculo e qual tem a ver com o mundo interno de cada parceiro. É fácil fugir de uma revisão pessoal atribuindo ao parceiro e ao casamento a falta de interesses, o desânimo e as frustrações.

Mas nenhum parceiro poderia preencher esse vazio de interesses, em que podem existir tantas faltas. Essa é uma boa hora para cada um refazer a intimidade com os próprios sentimentos, encarar suas emoções e desejos, sem deslocar toda a insatisfação para o relacionamento com o outro. Depois de um longo tempo de convivência, o vínculo amoroso também pede uma revisão, mas esta não tem sentido se não forem consideradas as mudanças individuais: é provável que as necessidades e exigências atuais dos parceiros sejam diferentes do que eram, mas o repertório de ambos também mudou.

Se o vínculo de amizade e confiança sobrevive, o casal pode ter coragem para conversar sobre os sentimentos de cada um (que não se confunde com o desgastante e improdutivo “discutir a relação”). É bastante provável que apesar do longo tempo de convivência os parceiros, embora ainda se amem, já não se conheçam. É possível que ambos tenham boas surpresas.

17

Desgastes evitáveis e inevitáveis

Muitos casais que se queixam do desgaste e da perda de vitalidade da relação conjugal, esquecem de avaliar o que tem acontecido com a vida como um todo, ao longo dos anos. Será que as estrelas da constelação do casamento foram as únicas a perder o brilho? O casal terá cultivado novas relações de amizade e preservado as antigas? Terá se ampliado o horizonte de interesses do casal e de cada um dos parceiros, ou aí também houve desgaste, descuido, perda de brilho?

É verdade que ninguém fica fascinado diante da gritaria das crianças, ninguém se emociona com a lista de compras do mercado ou com a irritação do marido, angustiado com o fechamento do mês na empresa. Também não é fácil manter os ardores da paixão diante de uma mulher que se deita usando creme no rosto e uma camiseta velha. Mas nos tempos dourados do namoro também existiam dificuldades e chatices. Mesmo que cada um sempre escolhesse a melhor roupa e o melhor humor para ir ao encontro do outro, ainda assim aconteciam os dias de cólicas e as dores de dentes, os momentos de encrencas e desencontros. Por que naquela fase era fácil lidar com as imperfeições?

Com a convivência cotidiana, as situações de desencanto aparecem com mais frequência. Mas há também mais ocasiões para encontros e para o aparecimento de novas facetas, nem todas negativas. O pai em que aquele garoto apaixonado se transformou pode mobilizar uma paixão diferente – e renovada – na sua companheira, agora mãe de seu filho. E o orgulho e a admiração que um marido sente com o sucesso profissional de sua mulher podem compensar, em muitos momentos, a falta que ela certamente faz na direção da casa.

O que azeda um relacionamento não é a quantidade de problemas que o casal enfrenta. É, sobretudo, o significado que cada um dá aos gestos e palavras do outro: o que conta é a escuta de amor ou desamor, de confiança ou desconfiança com que se ouve o parceiro. Ao passar por esse filtro, uma fraqueza do parceiro poderá ser inscrita no registro da ternura ou do rancor, uma pergunta poderá ser entendida como uma demonstração de interesse ou uma tentativa de controle. E é comum que, com o desgaste do cotidiano, dentro de cada um se instale um sabotador, espécie de rei Midas ao contrário que tem o dom de azedar tudo o que vem do parceiro – até aquilo que antes encantava.

Assim, o gesto que na fase de conquista era interpretado como um convite a um encontro sexual, início de um processo de sedução, agora pode ser encarado como um movimento de invasão, uma demonstração de falta de sensibilidade: "Mas esse homem não percebe que estou triste (ou indisposta, ou carente)? Como pode pensar em sexo em um momento desses?"

Não precisa ser assim. Se o relacionamento do casal tiver como base a confiança e não o ressentimento, se for possível acreditar que o outro é fundamentalmente bem-intencionado – embora muitas vezes desajeitado – o tempo será um aliado, não um inimigo.

Quando os parceiros se fecham em ressentimentos e mágoas, ambos com a sensação de que o outro está levando vantagem, é inútil procurar culpados e arrolar acusações. Quem for mais sábio será o primeiro a tomar a iniciativa de interromper as lamúrias e procurar novos canais de aproximação com o companheiro. Afinal, a convivência é um aprendizado longo e complicado, tanto mais quanto maior a idealização do tempo de namoro. Mas enfrentar essa dificuldade é mais produtivo do que virar as costas e partir para outro relacionamento (que fatalmente chegaria a um ponto parecido). Se viver a dois não é fácil, viver sozinho também é difícil. E muitas vezes, diante da escolha entre ter razão ou ser feliz, é mais sábio optar pela segunda alternativa.

A paixão pode sobreviver?

O que acontece com um casal, para que seus encontros se tornem cada vez mais raros e menos intensos? O que faz com que a maioria das conversas gire em torno de encrencas com os filhos, problemas com os encanamentos da casa, lamúrias sobre o peso do trabalho e a falta de dinheiro? Não que esses temas sejam indignos de fazer parte do repertório de assuntos, mas onde se escondem aquelas outras conversas, trocadas com o olho no olho, mão na mão, a respiração entrecortada? Onde vai parar aquela insuperável sensação de frio na barriga, que marca o tempo da paixão?

Os casais chegam ao casamento com as mãos carregadas de sonhos, a cabeça povoada de fantasias. Alimentados pelo mito do "felizes para sempre", cada um espera encontrar tudo na relação com o parceiro: a segurança de um amor incondicional junto com a excitação do mistério, o encantamento do inesperado e as garantias da tranquilidade familiar. O vínculo funcionaria como porto e bússola, ao mesmo tempo âncora e velas enfunadas, além de fornecer a imprescindível boia salva-vidas.

Com tamanha expectativa, a frustração é inevitável. Então, o casamento torna-se um gancho conveniente para pendurar as amarguras de todas as esferas da vida. Fica fácil atribuir ao vínculo conjugal os fracassos e desatinos dos quais nos arrependemos, é confortável culpar o casamento por tudo o que não construímos em outros espaços, tudo o que não nos atrevemos a conquistar fora de casa...

Responsabilizar o parceiro, a casa e os filhos por tudo o que não chegamos a ser é uma boa saída para lugar algum. Lágrimas e lamúrias não substituem o suor e a ação. No fundo, sabemos bem que nenhuma outra pessoa tem poder suficiente para tornar-se responsável por renúncias e mutilações que nós mesmos perpetramos, em nome de nossa dificuldade de enfrentar a luta pela vida, frágeis e desamparados seres humanos que somos.

Como saber se é mesmo a relação com o parceiro e com a vida que estão sem brilho, ou se são os olhos que estão embaçados? Quantas vezes reclamamos que a comida está sem gosto, quando, na verdade, é o nosso paladar que está embotado! Depois de muitos anos de casamento, os parceiros seguramente já não são as mesmas pessoas que eram quando esse relacionamento começou. O cardápio que cada um tem a oferecer para o outro certamente já não é o mesmo – ainda que a matéria-prima não tenha mudado muito, outros serão os temperos. Ainda bem, porque as fomes de ambos também não são as mesmas de anos atrás.

Assim, sem que tenha havido troca de parceiro, depois de alguns anos o casal já não está mais no primeiro casamento. Se os parceiros tiverem o cuidado e a coragem de olhar juntos para o contrato implícito que rege a relação do casamento em cada fase da vida, certamente terão condições de atualizar algumas cláusulas para tornar a relação mais verdadeira e gratificante. O que significa também menos idealizada, menos calcada na fantasia e mais próxima da nossa realidade de seres imperfeitos, abertos aos erros e expostos às paixões. Isto é, humanos.

Desencontros

Na vida de todos os casais há desencontros inevitáveis, que estão fora do controle e do desejo dos parceiros e fazem parte dos movimentos de adaptação mútua que a convivência exige. Alguns desencontros derivam de diferenças estruturais, como a necessidade de mais ou de menos horas de sono ou a maneira de cada um lidar com o tempo; outros estão relacionados com costumes familiares ou preferências individuais. A maior parte se deve a uma associação de fatores de personalidade e de educação.

Uma pessoa que tenha uma rigorosa organização na maneira de administrar o próprio tempo pode ter dificuldade para conviver com um parceiro que faz tudo em cima da hora, o que muitas vezes leva o casal a atrasar-se para compromissos. Diferenças de sociabilidade também podem provocar situações de atrito: se um dos dois está sempre disposto a fazer longos programas noturnos em companhia de amigos, enquanto o outro prefere assistir a um filme em casa e dormir cedo, é preciso jogo de cintura para planejar férias em conjunto.

Mais importante do que definir a origem da divergência é encontrar maneiras de evitar que as diferenças se transformem em encrencas. O caminho mais comum para a briga consiste em querer convencer o outro de que a sua maneira é a única certa, e que o parceiro precisa aprender a dormir menos ou a ser mais sociável. A tolerância e o respeito pelas preferências facilitam a discussão de acordos e aplainam o caminho das concessões, e assim permitem que os momentos de encontros não sejam envenenados por acusações e cobranças. Usar os momentos em que a intimidade se faz possível para, em vez de desfrutá-los, mobilizar ressentimentos e mágoas, é um desaforo que a vida não merece.

Diante de uma divergência, aquele que toma a iniciativa de abordar a dificuldade acaba por se expor mais e corre o risco de ser mal interpretado. Mas ao mesmo tempo abre a possibilidade de uma conversa clara sobre as fantasias que cada um tem sobre o outro e das expectativas de cada um sobre o relacionamento conjugal – única maneira de atualizar fantasias e expectativas. É provável que ambos fiquem agradavelmente surpreendidos ao descobrir facetas novas ou desconhecidas do companheiro – o que, em si, já confere um sabor diferente à vida conjugal.

Uma idealização exacerbada fatalmente leva à frustração, o que, por sua vez, pode empanar a intimidade sexual. Frustrações mútuas, quando escamoteadas, acabam por se denunciar sabotando o encontro amoroso. Cria-se assim uma dinâmica de decepções que impede o casal de pesquisar as inúmeras outras linguagens amorosas (além da sensualidade) que a proximidade do cotidiano favorece.

Entre as muitas facetas de uma relação amorosa, vários outros canais podem ser acionados quando o sexo está mais difícil. Além de amantes, os parceiros são companheiros, aliados, sócios na construção de um futuro. O desejo sexual até pode voltar a florescer se o casal for capaz de abrir caminho para a ternura, para a solidariedade, para o bom humor, enfim, para tantas outras formas de comunicação que oferecem um território de confiança e enriquecem a vida.

Se os parceiros se permitirem uma proximidade maior na exploração dessas áreas, ficarão mais abertos e receptivos. E é por aí que o desejo pode construir novos caminhos. O perigo é o casal, preocupado com uma aparente falta de desejo, fechar-se para novas descobertas na tentativa de reencontrar os arroubos antigos da paixão, como detetives atrás da confirmação de uma hipótese indesejável. Pois a sensualidade não se deixa cristalizar em fórmulas conhecidas e se, com medo do novo, o casal estiver cego para outras possibilidades de comunicação, o desejo fatalmente se esconde.

A síndrome das renúncias inúteis

No afã de agradar o parceiro e de prolongar a fantasia de completude, algumas pessoas, quando se casam, chegam a abrir mão da própria identidade, desligando-se dos amigos e interesses para circular apenas na órbita do parceiro. Como em geral essas renúncias são unilaterais (pois o companheiro continua a desenvolver seus próprios gostos e interesses), essa dinâmica instala uma assimetria que afeta o relacionamento. Na maioria das vezes, quem faz a renúncia é a mulher, pois nossa cultura favorece (e até encoraja) que a esposa viva em função do marido.

Quem entra num enredo desses decerto não leu (ou não entendeu) a história da *Sereiazinha*, de Hans Christian Andersen. O conto relata a aventura de uma sereia que salva de um naufrágio um príncipe humano, por quem se apaixona. Ele não chega a vê-la, mas encanta-se com a magia da voz da pequena sereia – que o deixou na praia e voltou para o mar. Ela não consegue esquecê-lo e decide procurar por ele em seu reino terrestre. Para isso precisa trocar sua bela cauda por um par de pernas – o que a bruxa se dispõe a fazer, com a condição de que a sereiazinha lhe entregue sua bela voz. Pago o preço exigido, lá se foi a recém-transformada mocinha, caminhando mal sobre suas novas pernas e sem poder falar para pedir ajuda. Encontra o príncipe, mas não consegue se fazer reconhecer, pois não pode exibir a única característica pela qual ele poderia identificá-la, a única recordação que ele tinha dela: sua bela voz.

Pois essa é a armadilha em que cai quem abre mão dos próprios interesses para viver a vida do parceiro. Quem abdica de seu reino para seguir o outro perde os atributos pelos quais se fazia reconhecer e amar. O companheiro até poderia queixar-se ao Serviço de Proteção ao Consumidor, pois foi atraído por uma pessoa com vida própria, com vários amigos e múltiplos interesses, e depois se vê com um artigo completamente diferente: uma pessoa sem identidade, sem vontade própria, sem voz nem vez.

A saída está em procurar a própria voz, não a antiga – provavelmente já ultrapassada –, mas a renovada para o momento que a vida oferece agora. E ambos procurarem juntos a praia de hoje, isto é, aquele território comum, partilhado por sereias e humanos. Sem esquecer que cada um precisa descobrir também o prazer de ter momentos apenas seus, de desfrutar dos silêncios e das músicas que cada um só pode ouvir se estiver sozinho. Porque quem for uma boa companhia para si mesmo, certamente será uma companhia mais interessante para os outros.

Carta à psicóloga: A idealização como inimiga

"Tenho um relacionamento maravilhoso com meu marido. Ele é meu melhor amigo, confidente, companheiro, não é ciumento, admira-me em tudo, enfim, parecemos dois pombinhos. Somos casados há cinco anos, temos dois filhinhos lindos e nossa vida financeira é estável. Tudo perfeito. Mas não sinto desejo sexual por ele. Amamo-nos muito e não conseguimos suportar a ideia de separação. Estamos sofrendo, porque ele me cobra uma vida sexual normal. Já fiz análise, já conversamos muito... Não sei mais o que fazer. Qual a sua opinião?"

Alguns casais se sentem na obrigação de exibir uma imagem de perfeição, como se precisassem provar ao mundo que foram capazes de construir um casamento feliz. Passam o tempo posando para fotos como dois pombinhos, sempre felizes e arrulhando frases amorosas.

O problema é que a imagem de dois pombinhos pode ser ótima para cartões de Dia dos Namorados ou para enfeite de bolo de casamento, mas não serve para retratar um casamento real entre seres humanos. Dificilmente um casal assim teria um relacionamento sexual satisfatório, pois a sexualidade plena só pode acontecer entre pessoas de carne osso, com cheiros e secreções, descontroles e sufocos – e sem asas...

Numa relação assim idealizada, faz falta um toque de imperfeição, de emoções fortes, de vivências menos olímpicas e mais humanas. Um casal de verdade fatalmente perde a cabeça de vez em quando. Um relacionamento perfeito demais, tranquilo demais, chega a ser perigoso: entre a tranquilidade e a estagnação a distância é pequena, mas é o que diferencia a vida da morte.

Para sair desse marasmo, o caminho seria uma verdadeira mudança interna, que consiste em olhar para o parceiro real, sem transformá-lo em sapo nem se transformar em bruxa, para procurarem, juntos, uma maneira de revitalizar a relação amorosa – pois não adianta olhar só para a dimensão sexual do vínculo. O sexo funciona como um termômetro, indicando a saúde do relacionamento como um todo: se o vínculo está febril, não adianta trocar de termômetro, é preciso cuidar da saúde.

E depois?

"Quando casar, sara."

18

É possível ser feliz sozinho?

Amo-te tanto que te não sei amar, amo tanto o teu corpo
e o que em ti não é o teu corpo que não compreendo
porque nos perdemos se a cada passo te encontro,
se sempre ao beijar-te beijei mais do que a carne
de que és feita, se o nosso casamento definhou de mocidade
como outros de velhice, se depois de ti a minha solidão incha
do teu cheiro, do entusiasmo dos teus projetos e do redondo
das tuas nádegas, se sufoco da ternura de que não consigo falar,
aqui neste momento, amor, me despeço e te chamo,
sabendo que não virás e desejando que venhas...

António Lobo Antunes, Memória de elefante

Nós, os humanos, carregamos cicatrizes que nos caracterizam e marcam o caminho do acesso ao simbólico. Depois de habitar por nove luas o ventre materno, onde sequer havia o desejo (posto que não havia faltas), onde vivemos a experiência de ser um-com-o-outro, sofremos o corte que decreta nossa solidão. Daí em diante, a nostalgia dessa vivência (de que o umbigo é prova e testemunha) nos faz para sempre presas da incompletude, do desamparo, do medo do abandono. Estamos condenados a procurar no outro o aconchego perdido; mas, ao mesmo tempo, nos debatemos para nos defender da entrega amorosa, pois o medo da perda se faz mais pesado a cada gesto de carinho. Será possível ser feliz, com tais marcas?

É possível viver momentos de felicidade numa relação amorosa, desde que se consiga abrir mão das fantasias de perfeição e de completude registradas na lembrança do modelo primordial. É obrigatório renunciar à idealização mútua de que os parceiros se impregnam, que fatalmente os condenará a pagar, ao princípio da realidade, um tributo de dor.

Mas nenhuma sabedoria ou diploma de maturidade intelectual nos livra do sofrimento provocado pela ruptura de um vínculo amoroso. Pois o que dói, para além da perda do que foi um dia objeto de amor, é o aborto de um projeto, a renúncia de um sonho. Na ruptura, choramos, acima de tudo, a dor da ferida narcísica, o espelho partido, que já não nos reflete com a imagem que nos fazia belos. Não toleramos perceber a indiferença instalada no olhar do parceiro – que antes confirmava o afeto, reafirmando a vida, e agora congela a distância, condenando à morte.

Essa sensação nem sempre é definitiva, mas pode tornar-se intolerável se o casal não suportar a perda da condição apaixonada e negar os desentendimentos e ressentimentos. As divergências e desagrados, quando escamoteados, podem levar a um tal nível de desgaste que o vínculo não resiste, sobretudo se o casal preferir a ruptura a qualquer tentativa de revisão e transformação do relacionamento. Afinal, o amor é vivo – e a principal característica dos seres vivos é que, para se manterem saudáveis, precisam de nutrição e bons tratos.

Assim, mesmo contra a vontade explícita dos parceiros, chega um momento em que o casal é obrigado a reconhecer sua insatisfação e encarar a possibilidade de separação – não sem antes ensaiar algumas tentativas de salvamento e ressurreição. A mais frequente é uma viagem a dois, com a fantasia de viver uma "segunda lua de mel" – na maior parte das vezes fadada ao fracasso, seja pelo excesso de fantasias, seja pela tentativa de reviver um enredo já ultrapassado, seja pelo próprio desgaste da relação.

Outra das saídas favoritas dos casais em crise é o chamado "dar um tempo". Infelizmente, ninguém pode dar o que não tem – e ninguém é senhor do tempo, que avança inexoravelmente, sem paradas nem retrocessos. O que se faz nesses casos é colocar uma distância entre os parceiros, para que cada um faça uma espécie de ensaio de separação. Mas a experiência não é totalmente verdadeira, pois nenhum dos dois chega de fato a refazer a vida sozinho, uma vez que ambos estão conscientes da precariedade da situação. Realmente, a vida não permite nem ensaio geral nem repetições de cenas, nem fornece um texto pronto a ser decorado: vivemos estreias o tempo todo, o espetáculo não para, o texto é sempre novo – e temos de encontrar a entonação certa na primeira (e única) leitura.

Soluções como casamento aberto ou troca de casais também fizeram adeptos entre as tentativas de salvar um relacionamento em crise. Mas dificilmente um casal consegue mudar radicalmente suas crenças e temores em relação aos vínculos amorosos a ponto de ultrapassar as barreiras e os preconceitos que cercam essa experiência. As fantasias de manter o controle sobre o comportamento do parceiro e de se conter dentro de limites preestabelecidos não resistem aos imprevistos a que o casal se expõe.

Outras tentativas incluem a encomenda de mais um filho (método injusto, pois nenhuma criança merece vir ao mundo imbuída de uma missão dessas) e a busca de uma terapia de casais.

Terapia de casais funciona?

No início de um processo de terapia, o casal começa por apresentar um rol de todas as queixas e acusações mútuas. As mais frequentes (vindas das mulheres): o marido impede o acesso ao dinheiro comum, abusa do poder econômico como instrumento de opressão, não presta atenção às conversas, expõe a mulher a situações de humilhação diante de terceiros, não colabora com as tarefas domésticas, dedica pouca atenção aos filhos (como se estes fossem um prolongamento apenas delas, e não deles). Mas já houve mulheres que apontavam como falta grave o fato de o marido não cortar as unhas dos pés...

Entre as queixas dos maridos as mais comuns são: falta (ou excesso) de cuidado com a casa (ainda!), desinteresse (delas) pelo trabalho deles, desorganização da casa e dos filhos, falta de critérios em relação aos gastos, falta de interesse sexual, desleixo com a própria aparência.

As causas apontadas por ambos como motivo para separação, incluem: ciúmes exagerados, necessidade excessiva de controlar o parceiro, sensação de que o outro age como opressor. Mas, na maioria das vezes aparece, como causa única uma dessas duas afirmações: "O amor acabou, não o amo mais"; ou: "Descobri que existe uma terceira pessoa".

Às vezes, as razões alegadas para justificar o desejo de separação parecem extremamente fúteis. Mas quando o motivo da separação parece ridículo é porque existem raízes mais fundas, nem sempre conscientes, difíceis de localizar e verbalizar. Nesses casos o motivo alegado representa apenas o gancho em que o desencanto se pendura.

É nesse processo – de ajudar o casal a desvendar os sentimentos mais profundos que estão por trás de brigas repetitivas e aparentemente fúteis – que uma terapia de casais pode ajudar.

A maioria dos casais procura a terapia em meio a uma situação de crise suficientemente grave para ter levado ao menos um dos parceiros a falar em separação. Acabam por procurar ajuda terapêutica em busca de uma possibilidade de conciliação ou para se assegurarem mutuamente de que "tentaram de tudo"...

Na maioria das vezes, a iniciativa é da mulher, que pede indicações de amigas, pesquisa, investiga e liga para marcar a entrevista para o casal, avisando de antemão que o horário teria de ser submetido à aprovação do companheiro. Em função desses contatos prévios, os parceiros não estão exatamente em posição de igualdade quando o casal se apresenta para a primeira sessão: a esposa, de alguma forma, está mais à vontade, um pouco mais senhora da situação. Mas a posição de ambos coincide pelo menos num ponto: explicitamente ou não, ambos estão ali com a expectativa de que o terapeuta confirme que o outro está desequilibrado e precisa de uma terapia.

Como nenhum terapeuta que se preza cai nessa armadilha, surge, se o casal não desiste, a segunda esperança: a de que o terapeuta funcione como um juiz que vai decretar quem está certo e quem está errado; ou como um pai, que separa as brigas dos filhos e coloca de castigo aquele que se comportou mal. Ao longo do trabalho fica mais claro que a função do terapeuta não é dar conselhos, nem apontar culpados, nem salvar o casamento. Seu compromisso é com as pessoas e não com o vínculo entre elas. De fato, o trabalho mais parecido com o do terapeuta de casais é o de um tradutor-intérprete: o terapeuta passa a maior parte do tempo procurando traduzir para cada um o que o parceiro está querendo dizer e não consegue – porque o outro se adianta para completar a frase que mal foi enunciada, ou para desmentir o que sequer foi afirmado.

O rumo que o relacionamento vai tomar a partir desse processo não pode ser definido *a priori*. Em alguns casos, como numa

Caixa de Pandora, depois da explosão avassaladora da carga de ressentimentos guardados, emerge a esperança e o desejo genuíno de resgate e reparação do vínculo. Com outros casais o processo tem resultado oposto e as mágoas revelam-se como ferimentos abertos, cuja cicatrização é impedida pelos reiterados golpes que os parceiros continuam a se infligir. Nesses casos, o próprio processo de terapia pode ser nefasto, pois os parceiros transformam em novas armas de ataque as revelações e fragilidades expostas na intimidade da sessão.

Mas são raros os casos que descambam nessa dinâmica malsã. Para evitá-los, a maioria dos terapeutas sugere algumas sessões preliminares, para que o casal possa conhecer o significado e a dinâmica do processo e o terapeuta avalie se pode efetivamente prestar algum serviço àquele casal.

Mesmo nos casos em que a ruptura do casal acaba por se impor como única saída, a terapia pode ajudar a administrar o processo de separação, de modo a torná-lo menos doloroso e mais digno e assim colaborar para que a separação tenha mais chance de dar certo do que teve o casamento.

Quando uma separação dá certo?

Para uma separação "dar certo" é preciso que a ruptura seja baseada numa avaliação verdadeira e corajosa do relacionamento, isto é, que os parceiros se disponham a encarar de fato a inviabilidade do projeto feito em comum e sejam capazes de enfrentar um futuro sem a presença do outro. Isso significa que os parâmetros para avaliar a saúde da relação devem ser procurados dentro do próprio vínculo, e não em ilusões sobre as experiências que cada um imagina que está perdendo por estar vinculado a um parceiro, nem nas fantasias sobre as aventuras que o parceiro vive fora do relacionamento. O que vale mesmo é o que se passa entre os dois, quando estão juntos. É na impossibilidade de manter uma convivência digna e gratificante que a separação se impõe.

Depois de consumada a separação, muitos inventam truques para fugir do luto e tornar a dor mais tolerável; mas estes só servem para adiar e contaminar o processo do luto. Para diminuir o sentimento de perda, muitas pessoas procuram desvalorizar tudo o que foi partilhado e construído enquanto durou o casamento. Essa dinâmica está por trás das "festas de separação", em que os amigos são convidados a comemorar, com uma alegria geralmente forçada, a reconquista da liberdade do recém-separado.

Essa mesma postura é responsável pelo hábito de se referir ao antigo parceiro como "o falecido" – como se a relação vivida pelo casal estivesse morta e enterrada, junto com os protagonistas. Truques desse tipo, se no primeiro momento até ajudam a tolerar a perda, acabam por ter o efeito oposto: ao desvalorizar o que foi vivido, perde-se também o que foi vivido de bom, já que as boas lembranças não podem permanecer. Isso exige uma batalha contínua para evitar que a recordação dos bons momentos negados venha à tona. Nessa guerra sem glórias para esquecer o que não pode ser lembrado, o tiro sai pela culatra: as recordações teimam em aflorar até em situações em que não estariam presentes e em longo prazo o esforço para evitar a tristeza impede o contato com novas fontes de alegria.

O BEBÊ DE PEDRA

Como as emoções não evaporam, os sentimentos não vividos ficam enquistados, à espera de um canal de saída. Podem funcionar como autênticos "bebês de pedra", os litopédios que os geneticistas bem conhecem, que são o resultado do encapsulamento de fetos mortos em fases iniciais de desenvolvimento. Esses embriões geralmente apresentam defeitos genéticos tão graves que não permitem que o processo de vida avance além das primeiras divisões celulares e na maioria dos casos são eliminados pelo próprio organismo, sem que ninguém se dê conta. Mas, às vezes são lançados dentro do útero e lá ficam, calcificados e despercebidos, durante anos. O único efeito de sua presença é a esterilidade, pois os litopédios funcionam como verdadeiros dispositivos intrauterinos, impedindo a implantação de ovos fecundados.

As emoções não vividas, que permanecem isoladas e inacessíveis dentro do mundo interno, têm um efeito semelhante: impedem que se formem novos vínculos afetivos intensos e significativos, provocam uma espécie de esterilidade amorosa.

Nenhum vínculo amoroso prolongado traz só sofrimento. Mesmo que o relacionamento tenha tido boas razões para terminar, certamente foi também fonte de alegrias e prazeres, pelo menos durante algum tempo. Um amor que morre merece choros e velas. Há de se fazer esse luto, chorar o que se perdeu, contabilizar o que se ganhou, sacudir o pó das lembranças e seguir em frente – e assim desviar o olhar do passado e encarar o futuro, para não ser petrificado pelo sal das lágrimas.

Muitas vezes, a ferida da separação mesmo depois de aparentemente cicatrizada reabre quando o ex-parceiro começa um novo relacionamento. Essa situação provoca ciúme e inveja, sentimentos desconfortáveis que levam a querer controlar os sentimentos do outro, ou provocam uma compulsão de competir com o novo parceiro do ex. Nesse processo, o olhar continua no foco errado. Seria preferível – e mais saudável – se cada um parasse de acompanhar o que acontece com a vida do outro e canalizasse as energias para cuidar da própria vida.

Uma separação tem mais chance de dar certo se, em vez de se empenhar para que o outro não fique bem com ninguém, cada um se preocupar em estar bem. Ainda que seja consigo mesmo – pré-requisito sem o qual é impossível formar um novo vínculo amoroso. Simplesmente trocar de parceiro, sem fazer uma revisão interna dos próprios recursos e sem avaliar a disponibilidade afetiva para um novo relacionamento, leva a uma repetição do mesmo enredo, ainda que com outro protagonista.

A segunda (ou terceira, ou quarta) chance

Depois de uma separação, e antes de se abrir para outro relacionamento, é preciso algum espaço para a elaboração da perda e para o balanço do que restou da experiência vivida. Durante algum tempo, a pessoa se debate entre o medo de sofrer de novo e o medo de ficar sozinha para sempre. Para se refazer do sentimento de desmoronamento que uma ruptura amorosa provoca, quem ficou sozinho tenta montar um novo esquema de vida, centrado na própria independência. No entanto, ainda que esse processo de autonomia seja bem-sucedido, a pessoa acaba por se dar conta de que, por mais independente que seja, sente falta de um parceiro.

Não é fácil lançar-se mais uma vez na roda-viva das expectativas, frustrações, fantasias e desencantos que cada novo encontro desencadeia. Há um constante conflito entre permanecer na morna tranquilidade da solidão e desfrutar da extenuante – e prazerosa – sensação de vento no rosto que o início de um relacionamento provoca.

Mas não se vive sem correr riscos, e quem viveu uma vez o drama da separação já sabe que o sofrimento faz parte da vida e que é possível sobreviver ao fim de uma história de amor, ainda que isso faça sofrer. Apesar do medo, uma nova relação um dia se impõe e a vida não permite que se espere pela coragem: é preciso amar, mesmo com medo.

Em um segundo casamento, há sempre a tentativa de negar que houve uma outra vida, que os parceiros de agora fizeram outrora parte de um outro projeto, produto de outras alianças. Os filhos de casamentos anteriores são os testemunhos mais concretos desse passado não compartilhado, e muitas vezes, surge daí a dificuldade de lidar com esses enteados de pais vivos. Não existe sequer em nosso vocabulário uma palavra para nomear esse vínculo, embora ele seja cada vez mais comum. "Padrasto" e "madrasta" aplicam-se aos cônjuges de viúvos, "compadre" e "comadre" nomeiam os padrinhos dos filhos, que viriam a ser eventuais substitutos dos pais, caso estes viessem a falecer; mas não há como denominar os novos cônjuges de pais separados – que seriam os reais "com-padre" ou "com-madre" na criação dos filhos.

Um novo relacionamento é assombrado também pelo medo de cometer os mesmos erros vividos com os "falecidos"– termo que, além de mentiroso, alimenta a sensação de ter fantasmas antigos assombrando a nova vida.

Como sobreviver inteiro a um amor perdido?

Talvez não haja, no repertório humano, dor maior do que a perda de uma pessoa querida, seja por morte ou por ruptura amorosa. Não seria improvável que a aceitação da viuvez fosse mais fácil do que de uma separação, pois, dentro do grande sofrimento provocado pela morte de um ente querido, não se inclui a ferida de ter sido preterido. O processo de cicatrização pode ser feito de maneira mais ou menos eficiente, com maior ou menor grau de contaminação. Em geral, as saídas que apelam para a fantasia e a dissimulação parecem mais eficientes para evitar a dor, mas seu efeito é efêmero. Em um casal em que a separação se impõe por escolha de um dos parceiros, é comum que este saia aparentemente mais inteiro e resolvido do que o outro, que preferia preservar o vínculo – e portanto sofre mais. No entanto, a experiência revela que a longo prazo tem maior capacidade de superar a dor e resgatar uma vida amorosa aquele parceiro que viveu o luto da separação de maneira mais completa.

Uma experiência penosa pode ser transformadora e ampliar o repertório emocional, mas não existem atalhos para a elaboração desses processos. Isso vale tanto para o sofrimento psicológico decorrente de traumas e lutos quanto para padecimentos físicos, como doenças ou acidentes. Algumas pessoas relatam que depois de passar por grandes dificuldades tornaram-se mais compreensivas e tolerantes com o próximo, mais disponíveis e sensíveis para a relação amorosa. Mas, para que uma experiência seja incorporada a ponto de ser transformadora, é preciso que ela seja vivida sem subterfúgios ilusórios nem delírios de onipotência: uma postura de humildade é primordial para que um sofrimento seja enriquecedor.

A primeira condição para superar uma ruptura amorosa é a aceitação da imperfeição – própria, do parceiro e do vínculo. Quando o relacionamento é alimentado por idealizações, é difícil o casal reconhecer que não é formado por semideuses olímpicos, mas por seres humanos, falíveis e imperfeitos, que só podem formar vínculos falíveis e imperfeitos. Essa atitude exige também a aceitação da condição de incompletude, a constatação de que não existe o encaixe perfeito entre duas pessoas e que cada um de nós tem lacunas que jamais serão preenchidas, por mais qualidades que o parceiro tenha. Uma mudança de parceiro poderá preencher algumas faltas, mas fatalmente deixará outras a descoberto. É verdade que cada pessoa tem um mapa peculiar de carências e desejos, e só o autoconhecimento permite discernir entre buracos rasos, que podem ser aterrados; e fendas abissais, que jamais serão preenchidas. Estas terão de ser toleradas e contornadas. Apenas um verdadeiro conhecimento das próprias faltas permite que cada um defina em cada momento da vida que carências lhe são de fato intoleráveis a ponto de inviabilizar o relacionamento com um parceiro que não ofereça nutrição para compensá-las.

Outra condição para resgatar a capacidade de amar é a aceitação do risco inerente ao vínculo amoroso. No amor estamos todos sujeitos a sofrer a dor da perda, expostos ao risco da rejeição. Mas, sem a coragem de enfrentar esses perigos, estamos condenados à esterilidade da solidão. Isto é, para não enfrentar o risco de ser abandonado, nós nos condenamos ao abandono.

Carta á psicóloga:

"Separei-me há oito meses e logo após mudei de cidade. Tenho um filho de 11 anos e uma filha de 17. A garota não tem problemas, mas o garoto sente falta dos amigos da escola e do bairro e manifestou o desejo de morar com o pai na cidade onde morávamos antes da separação. Meu ex-marido não queria a separação e me ameaçava o tempo todo, um dos motivos que me levaram a mudar de cidade. Iniciei um novo namoro e meus filhos aceitam, mas meu ex-marido não sabe. Devo deixar meu filho morar com o pai, sem ter a sensação de que o estou abandonando?"

A questão de deixar ou não seu filho morar com o pai deveria ser debatida entre as três pessoas diretamente envolvidas, isto é, você, seu filho e seu ex-marido. Lembre-se que um mau marido (sobretudo, um mau ex-marido) pode ser um excelente pai. Alguns homens só assumem plenamente a paternidade depois de uma separação, quando a relação com os filhos deixa de ser mediada pela mãe.

Já o sentimento de culpa tem pouco a ver com essa decisão. É mais provável que esteja ligado ao novo relacionamento e à sua preocupação com a possível reação de seu ex-marido. Mas, morando ou não com o pai, seus filhos não podem ser cúmplices de um segredo. Não há motivo para você manter na clandestinidade uma relação amorosa. Se você não se sente livre para iniciar um namoro, talvez você também não tenha aceitado totalmente a separação. Se for assim, você vai se sentir culpada ainda que more em outra cidade e com todos os seus filhos.

Até que a morte os separe

... se não fora
para tão grande amor
tão curta a vida.

Luís Vaz de Camões

Em uma conferência pronunciada em 1915[1], Freud afirmava que, no inconsciente, todos estamos convencidos da nossa imortalidade. Segundo ele, procuramos sempre uma motivação causal para a morte (doenças, acidentes, velhice), para tentar retirá-la do universo das fatalidades inevitáveis e colocá-la entre os eventos controláveis: para evitar a morte, bastaria tomar as vacinas, cuidar da saúde, fugir dos radicais livres... ou seja, nossa maneira de lidar com a morte, seja a nossa própria, seja a das pessoas queridas, é por meio da negação, um mecanismo de defesa poderoso, que em nenhuma outra instância é aplicado com tanta eficiência.

"Vivemos psicologicamente acima de nossos meios", dizia Freud. Numa tradução livre para termos atuais, eu diria que desenvolvemos *softwares* afetivos desproporcionais à fragilidade do nosso *hardware*. Isto é: embora a constituição corporal dos

1. "Nós e a Morte",1915.

humanos não seja mais resistente do que a de uma samambaia, por exemplo, estabelecemos vínculos afetivos sofisticados, que nos levam a depositar na frágil estrutura do outro uma carga emocional pela qual nenhum ser humano pode se responsabilizar. Assim, mesmo sabedores de nossa finitude e de suas consequências, ao ouvir, na celebração de um matrimônio, a expressão "até que a morte os separe", fingimos acreditar que o casal está fazendo votos de que viverá um amor eterno, negando nossa condição de efêmeros e mortais.

Mas a vida seria intolerável se tivéssemos, a cada dia, a consciência de nossa mortalidade e (pior ainda!) da vulnerabilidade dos que nos são caros. Em um casamento longo, com décadas de vida em comum, é impossível conceber a ideia da morte do companheiro. Onde buscar forças para encarar a perspectiva de uma ruptura não escolhida, que vai reinstalar a solidão e o desamparo? Como tolerar esse corte – mais fundo e mais doído do que o corte inaugural do cordão umbilical? Pois o que agora se corta não é um feixe de sangue e tecidos moles, mas uma corrente de muitos elos, que tem a dureza da rocha, a têmpera das experiências partilhadas, a rigidez do mármore esculpido pelo tempo. Diante desse corte, nosso impulso é enterrar as esperanças, fugir de todo consolo – como se não quiséssemos sobreviver a essa dor.

Os avarentos do afeto, os covardes que não se entregaram de corpo e alma ao amor por medo de viver essa dor, descobrem-se ludibriados: acreditando que o descartável poderia funcionar como substituto do eterno, não viveram a plenitude da entrega amorosa, mas nem por isso conseguiram se esquivar da dor da perda.

Numa relação longa, não há como evitar esse sofrimento, que faz parte da vida – incerto, apenas o momento.

O desgaste da relação amorosa, engendrado pela intolerância, pelo mau humor, pelo tédio; a desqualificação do ser amado, diminuído pelo olhar irritado por suas pequenas e humanas mazelas cotidianas (os roncos noturnos, as unhas malcuidadas, o barulho ao sorver da sopa) – tudo isso desaparece diante do espanto e do medo ao se perceber, no outro, um andar cambaleante, uma pinta mal-encarada... Como se a ameaça concreta da morte devolvesse a percepção da finitude e denunciasse a profundidade do abismo.

No entanto, essa dor tem cura. Por maior que seja o desespero e o vazio provocados pela perda, a ferida cicatriza e os viúvos refazem a vida, cujo apelo é poderoso demais para ser ignorado. Às vezes, depois da perda, o cônjuge sobrevivente se vê obrigado a enfrentar as próprias limitações, por tanto tempo encobertas pelas idiossincrasias do parceiro. Aquela senhora bem disposta, cuja disponibilidade para filhos e netos parecia limitada apenas pela impaciência do marido (cujo limite não excedia meia hora de contato), pode se surpreender – e surpreender a família – ao constatar que sua própria disponibilidade para acolher a família não ultrapassa 40 minutos de convívio com a algazarra e a bagunça dos pequenos queridos. Ou aquele turista frustrado, que se acreditava impedido de correr mundo pela dificuldade da companheira de se desgrudar dos filhos e netos – e se vê perdido na primeira viagem ao exterior, ansioso por voltar ao aconchego da família.

De uma maneira geral, homens e mulheres encontram saídas diferentes para enfrentar a vida depois da perda. Eles dificilmente ficam sozinhos por muito tempo, elas parecem tolerar melhor a solidão. Parte dessa diferença se deve ao mercado dos eventuais candidatos a refazer a parceria: um viúvo tem mais facilidade do que uma viúva de encontrar uma parceira disponível e disposta a uma relação estável. Mas é também verdade que têm menos competência para viver sozinhos, os homens de uma geração que se vangloria de "nunca ter sequer fritado um ovo na vida." Além disso, ao contrário do que alardeiam as piadas, as mulheres mais velhas parecem desfrutar melhor da liberdade que a viuvez oferece – talvez por terem se sentido mais oprimidas do que eles na condição de casadas.

Também deve contribuir para essa diferença na superação do luto o fato de as mulheres terem mais facilidade para lidar com sentimentos depressivos, o que as leva a viver o processo do luto com mais coragem, a reconhecer a profundidade da perda e não se furtar ao difícil, lento e doloroso processo interior que permite adaptar-se à falta.

Agências de turismo organizam com sucesso roteiros de viagens para grupos de idosos – e seus clientes mais animados e constantes são viúvas dispostas a aproveitar a vida e a liberdade recém-conquistada. São mulheres que passaram décadas tentando equilibrar a dedicação a uma carreira profissional com os deveres para com marido e filhos – sem encontrar espaço para suas próprias necessidades e desejos – e se vêem subitamente libertas – pela aposentadoria, pela emancipação dos filhos e pela viuvez. As que não se deixam devorar pela culpa podem, então, partir para conquistar o mundo.

A força da vida é soberana. Por mais funda que seja a dor da perda, todos se recuperam, com mais ou menos marcas. Nisso, não há diferença de gêneros: o apelo da vida é irresistível. As diferenças se fazem notar em outra vertente: têm recursos melhores para continuar a jornada as pessoas que conservam um bom acervo de lembranças de um relacionamento amoroso, vivido com intensidade, no quinhão da eternidade a que nós, os humanos, temos direito.

19

Filhos, melhor não tê-los?

Quando a procriação era um evento puramente biológico, não havia espaço para questionamentos: a natureza se encarregava de transformar um casal em progenitores, sem que eles tivessem a oportunidade de se perguntar o quanto de fato desejavam ter um filho, nem de averiguar se aquele era o momento adequado para esse evento, ou se os pretensos pais estavam preparados para educar uma criança. O casal era obrigado a curvar-se diante da imposição da vida e a aceitar a tarefa, procurando fazer o melhor que estivesse ao seu alcance. Hoje, com o avanço e a popularização dos métodos de contracepção, a procriação passou a fazer parte do universo do desejo e o casal tem, ao menos teoricamente, o poder de decidir se quer ter um filho – e quando deseja que isso aconteça. Assim, essa decisão ganhou, como todo exercício de liberdade, o peso da responsabilidade, que recai sobre os ombros do casal.

Para complicar ainda mais esse processo, uma decisão importante como essa não é tomada por unanimidade das forças que nos habitam: alguns lados da personalidade do indivíduo (mas não todos) são francamente favoráveis à decisão de casar-se, ou de escolher um determinado trabalho, ou ter um filho. Instalam-se, então, conflitos internos, de resolução complicada.

Quando um casal decide ter um filho, há, em ambos os parceiros, esse delicado jogo de forças, cuja resultante é favorável à procriação. Mas isso não significa que não haja vozes dissidentes, que acabam por se calar uma vez tomada a decisão. Emudecidas, essas forças continuam presentes, à espera de uma oportunidade para se fazerem ouvir. Como os parceiros nunca têm a mesma convicção com relação à escolha feita, a divisão interna (presente em ambos) acaba por se projetar no casal; isto é, em vez de cada um examinar dentro de si os argumentos que fazem essa batalha surda a favor e contra a decisão, cada parceiro se faz representante de um dos lados do conflito – e a briga se dá entre os dois, em vez de dentro de cada um.

Há algum tempo atendi um casal jovem que trazia esse conflito dolorosamente à flor da pele. Estavam ambos angustiados e ansiosos desde a revelação da gravidez, e assustados com a hostilidade que se tinha instalado entre os dois. Apesar de jovens, o relacionamento era antigo e desde a adolescência o vínculo já tinha passado por outras crises, outras divergências tinham sido enfrentadas e superadas, mas nunca tinham se encarado como adversários. Dessa vez, o conflito parecia insolúvel e totalmente polarizado: para ela, aquela gravidez era um fato consumado e definitivo, ela não admitia sequer que se aventasse a possibilidade de um aborto; o marido, ao contrário, considerava aquela gravidez absolutamente inoportuna, incompatível com o momento de vida que o casal atravessava. Ele reafirmava o desejo de ser pai, prometia realizar o desejo dela de maternidade tão logo as condições permitissem. Mas ela sequer o ouvia, estava magoada, sentindo-se desamparada por aquele que sempre tinha sido seu companheiro.

O turbilhão emocional que se descortinava diante de meus olhos era perturbador. A intensidade dos sentimentos era inegável, assim como as direções antagônicas dos vetores afetivos: o amor entre ambos era reafirmado pelos gestos de proteção mútua, pelos olhares impregnados de ternura. Mas a raiva e os sentimentos de rejeição e impotência também se revelavam: na voz e na postura corporal de ambos. Fiquei com a impressão de que a batalha que eles expunham era um reflexo do conflito interno que cada um carregava dentro de si, sem se atrever a contemplar: amor e raiva era o que ambos sentiam por aquele filho não nascido, o sentimento de impotência era o que dominava o casal diante da ameaça representada por aquele conflito aparentemente insolúvel.

Arrisquei-me a fazer as perguntas proibidas: indaguei a ela que motivos teria para não ter um filho naquele momento; e perguntei para ele por que ele gostaria de ter um filho agora. Ambos começaram a rir das minhas perguntas, crentes de que eu me enganara de interlocutor. Quando se convenceram de que não era esse o caso, que eu tinha deliberadamente feito as perguntas cruzadas, abandonaram os sorrisos e puseram-se a pensar seriamente na questão proposta – e assim puderam vir à tona a divisão e o conflito de cada um. O casal então debruçou-se sobre a questão em um clima diferente. O problema de ter ou não aquela criança continuava difícil e angustiante, mas eles puderam analisar o conflito como aliados e não como inimigos.

"Vamos ter um filho!"

A confirmação de uma gravidez assusta até mesmo um casal que tem certeza de querer um filho. Não é para menos. Essa perspectiva está impregnada de fantasias e mitos sobre o significado da maternidade e da paternidade (tanto em nossa cultura quanto no imaginário de cada um) e principalmente sobre como será a criança gerada pelo casal. Assim, quando o casal afirma querer ter um filho, não significa que os parceiros estejam imaginando a mesma criança, isto é, que ambos se referem ao mesmo filho. E esses filhos, criados pela fantasia dos pais, podem não ter semelhança alguma com o bebê que vai nascer.

Existe uma grande discrepância entre as fantasias do casal a respeito de ter um filho e as exigências concretas de um bebê real. Quase todos os pais imaginam que, na sua experiência de criar o filho, vão corrigir todos os erros que seus próprios pais cometeram, compensarão todas as faltas que aqueles não puderam preencher. Com expectativas assim altas, é inevitável que se frustrem diante das dificuldades para atender as demandas do bebê. A sensação de incompetência e a consequente decepção consigo mesmo e com o parceiro podem gerar um clima de hostilidade, com cobranças e acusações mútuas que em nada favorecem o entendimento do casal ou o atendimento do bebê. É nessa situação que algumas mães novatas podem desenvolver uma depressão puerperal, às vezes suficientemente grave para exigir um afastamento entre mãe e bebê.

Isso, no entanto, não é a regra. A maioria dos casais ultrapassa o caos dos primeiros dias sem maiores complicações, além da angústia de viver esses papéis novos, importantes e difíceis. Passado o turbilhão emocional, a nova condição familiar tira o casamento da rotina e oferece oportunidades para o desenvolvimento e aparecimento de facetas novas ou desconhecidas de ambos os parceiros. O bebê transforma o casal numa família: o marido se torna pai e a mulher se faz mãe. Não há volta: a relação do casal nunca mais será a mesma. Mas se, em vez de tentar resgatar o idílio da condição anterior, o casal se debruçar sobre as possibilidades que a nova experiência oferece, descobrirá canais inéditos de comunicação e de conhecimento mútuo.

É inevitável que, após o nascimento de um bebê, o casal leve algum tempo para resgatar o espaço da privacidade e da sensualidade. A nova condição traz desconfortos para ambos os parceiros, embora nem sempre na mesma intensidade. Ela, durante algum tempo, talvez fique totalmente habitada pela maternidade, sem se sentir preparada e inteira para a entrega amorosa. O parceiro também não se sente à vontade diante do corpo da companheira, antes tão familiar e agora tão estrangeiro. O processo de readquirir a intimidade e a disposição para o encontro amoroso varia entre os casais – e depende também do espaço que o novo membro da família ocupa com suas necessidades e inseguranças.

O fato é que uma gravidez humana, ao contrário do que dizem obstetras e manuais, dura quatro trimestres, e não três. Isto é, somos de certa forma marsupiais e não sabemos. As mães e os bebês sabem que o vínculo entre mãe e filho não é cortado quando se corta o cordão umbilical: durante muito tempo ainda, a proximidade física é a única situação confortável para ambos. Nos primeiros três meses depois do nascimento do bebê, a relação entre eles permanece quase tão fechada quanto antes, a ponto de não sobrar espaço para ninguém entre essas duas criaturas. Assim, dificilmente uma mulher se sente sexualmente receptiva e apaixonada pelo parceiro quando há tão pouco espaço em seu corpo e em sua mente para a geografia da sensualidade.

Nessa fase, algumas mulheres lamentam a perda do corpo juvenil, acreditando que as modificações provocadas pela maternidade as tenham deixado pouco atraentes. Mas a maternidade confere uma nova plenitude ao corpo da mulher, transformando ângulos em curvas, colocando suavidade nas reentrâncias e sinuosidade nas saliências.

É inegável que a vida do casal nunca mais será a mesma depois do nascimento de um filho. O universo do casal fica diferente: pai e mãe terão de suportar a angústia de saber que são demais os perigos dessa vida e que aquela criança estará exposta a todos eles; e que é assim mesmo, não há nada que se possa fazer para impedir que ela corra riscos. Caso contrário, ela jamais se transformaria numa pessoa inteira. Pois nenhuma pessoa é inteira se não correu riscos, se não conheceu o medo.

Mas isso não significa que a sensualidade está perdida, nem que a paixão está excluída da vida do casal. É até provável que tudo fique ainda mais intenso e mais vibrante do que era antes. Porque agora cada um é uma pessoa mais completa, com um repertório emocional mais amplo. Agora eles sabem que o tempo passa (não há nada como a presença de um bebê para tornar aguda a percepção da passagem do tempo), que cada minuto é único e que tem de ser vivido até o fundo (nada como a experiência do parto para ensinar uma mulher a aproveitar intensamente cada minuto de trégua que a vida oferece). Agora, o casal pode desenvolver uma ternura de qualidade diferente, uma aliança mais forte, uma solidariedade mais verdadeira.

Além de amigos e amantes, ambos são agora aliados na formação de um ser humano. E tentarão fazê-lo sensível e forte, para que ajude a transformar esse mundo em um mundo melhor, mais digno. Os pais serão os responsáveis por levá-lo a acreditar no amor, para que ele venha a ser aliado na briga contra a violência, na luta contra a mesmice. Essa é uma tarefa revigorante e renovadora. Por meio dela, um casal se mantém vivo e estimulado, condições indispensáveis para que a paixão possa se reinstalar e florescer.

Limites e liberdade

Criar um filho é uma aventura que exige cuidado e atenção, além de uma boa dose de coragem – sobretudo, quando ele chega à adolescência, e se acirram os confrontos entre as gerações.

Não é fácil colocar limites e enfrentar o desagrado e a frustração do jovem. Os pais gostariam de se sentir sempre aprovados pelos filhos, querem ser vistos como bons companheiros, abertos, legais. Mas não é possível agradar sempre – e a frustração faz parte da vida, não acontece só por falha no processo de desenvolvimento ou insuficiência dos pais. Ao contrário, alguém que nunca se frustrou, provavelmente teve uma trajetória anormal. E é inútil tentar ser a mãe ou o pai ideal de um filho adolescente, porque os pais ideais, no imaginário de uma criatura de 14 anos, teriam no máximo 16 anos – o que, felizmente, é uma impossibilidade biológica. Também não faz sentido o pai querer ser o melhor amigo de seu filho – se isso fosse possível, ele ficaria sem melhor amigo (pois esse espaço estaria ocupado pelo pai) e, o que é pior, sem pai – pois a relação entre amigos é simétrica, mas entre pai e filho existe, necessariamente, uma hierarquia de poder.

Na tentativa de evitar a frustração e com medo de perder pontos no quesito popularidade, muitos pais acabam por fazer concessões arbitrárias, resultantes mais da insistência dos filhos que de critérios lógicos, pelos quais os limites deveriam ser estabelecidos. Há nessa postura um equívoco com relação ao conceito de liberdade. Liberdade não depende nem da boa vontade nem da ideologia dos pais: liberdade é uma questão de competência. Portanto, a conquista da liberdade depende do desenvolvimento de competências.

Para fazer uma escolha livre, uma pessoa precisa ser capaz de reconhecer as próprias necessidades, ter meios para identificar os caminhos que podem atendê-las e ser capaz de arcar com as consequências da opção escolhida. Portanto, da mesma maneira que os pais precisam impor limites claros e criteriosos (e fazer com que sejam respeitados), é importante que, quando o filho faz uma escolha dentro de sua área de competência, essa escolha seja reconhecida e respeitada. Se um garoto de 13 anos resolve passar as férias viajando de carona, os pais podem negar autorização, argumentando que o filho não teria condições de lidar com eventuais (e inevitáveis) problemas decorrentes dessa opção. Mas se o garoto resolver pintar o cabelo de verde, por exemplo, essa decisão pode desagradar profundamente aos pais – que têm até o direito de exigir que, na sua frente, o cabelo seja escondido debaixo de um boné. Mas as consequências de andar por aí com esse "ridículo" cabelo colorido vão ser sofridas apenas por quem carrega essa cabeça.

Mesmo de posse de uma argumentação racional e convincente, não é possível impor limites sem mobilizar reações de desagrado, até de revolta. O mal não está na imposição de limites, nem na revolta. Está, sim, na imposição *despótica* de limites *arbitrários*. Desde as primeiras demarcações de fronteiras entre o desejo ilimitado da criança e os critérios de realidade que os pais impõem, os parâmetros devem ser explicitados e entendidos. Sem uma fundamentação que a criança possa acompanhar, de pouco serve decretar uma norma. Mesmo que os pais se façam obedecer, não exercerão sua função educativa, que é levar a criança a entender princípios e formar um código de referência, pelo qual pautar sua ética. Não basta que a criança respeite o *não*, ela precisa compreender o motivo da interdição, de modo a poder aplicá-la em situações equivalentes.

Nem sempre pai e mãe concordam quanto à maneira de educar os filhos. O nascimento do primeiro filho catalisa e traz à tona diferenças entre os parceiros e entre as famílias que, antes disso, podiam até ser ignoradas ou minimizadas.

O problema não está no desvelar das diferenças, mas numa das armadilhas mais insidiosas do casamento que consiste na polarização das diferenças, isto é, os parceiros tendem a acentuar as respectivas diferenças, cada um se especializando em seu estilo, até que se transformam em caricaturas de si próprios. Com isso, a dinâmica familiar fica prejudicada, pois os filhos aprendem a explorar essa situação e também se cristalizam em papéis fixos, como os pais. Se o pai tem uma tendência natural a ser mais conservador, menos liberal do que a mãe, esta acha que pode fazer concessões aos filhos, na certeza de que serão atenuadas pelas decisões do companheiro. Entretanto o pai, já conhecedor da dinâmica condescendente da mãe, tende a estreitar ainda mais os limites das concessões, para compensar a liberalidade dela.

Para os filhos, não faz mal algum perceber que pai e mãe têm posturas e opiniões diferentes. Afinal, poucas são as verdades fechadas e absolutas, e diferentes pontos de vista podem veicular os mesmos valores. Mas algumas vezes o casal usa a educação dos filhos para travar uma briga pelo poder, na qual o mais importante já não é informar e formar as crianças, mas mostrar quem tem mais força, quem é mais poderoso. Nessa luta, só há perdedores. Os pais perdem boas oportunidades de expressar divergências e de procurar consenso, e os filhos deixam de aprender a respeitar diferenças e a conviver com elas, condição indispensável para aprender a amar.

"Você vai ver quando seu pai chegar!"

Apesar de todas as mudanças que (felizmente!) estão ocorrendo na dinâmica familiar, apesar de todas as batalhas feministas pela conquista de uma simetria entre homens e mulheres, muitas mães ainda continuam a usar desse expediente – modelo de inadequação em todos os sentidos. Além de se confessar incapaz de resolver seu relacionamento com a criança, a mãe que interrompe um confronto com essa frase se revela dependente da força do pai. Com essa atitude, ela se desmoraliza diante do filho e envenena o vínculo da criança com o pai, fazendo com que este seja recebido com medo, não com alegria.

É verdade que a palavra do pai é, em geral, menos desgastada que a da mãe – também por ser menos usada, já que as mães costumam estar mais presentes e falar mais do que os pais. É também verdade que, em geral, os pais têm maior tolerância à frustração dos filhos. Mas transformar o pai em vingador não colabora em nada para a saúde da família – e ainda colabora para perpetuar, por mais uma geração, uma dinâmica perversa. Não há movimento feminista que nos redima de uma frase dessas.

Transgressão e responsabilidade

A transgressão a uma norma não deve passar em brancas nuvens: é preciso sinalizar o malfeito e punir adequadamente o culpado. Mas vale ressaltar que a punição faz parte do processo educativo, não é uma vingança por desrespeito a pais poderosos, nem uma penitência por pecados cometidos. Serve para que o transgressor perceba que suas escolhas inadequadas têm consequências, e que ele terá de enfrentá-las.

Assim, o castigo deve estar diretamente ligado à falta cometida e não deve ser aplicado com raiva ou ressentimento. Não tem sentido proibir a criança de ver televisão se ela não comeu direito ou não fez a lição, por exemplo. Se ela não quis almoçar, terá de esperar a hora do lanche ou do jantar para matar a fome; se não fez a lição, tem de fazer a lição, ainda que algum adulto tenha de ficar ao lado dela enquanto ela faz suas tarefas – ou ir para a escola sem o dever cumprido e enfrentar o professor. O problema é que esse tipo de controle dá trabalho. Mas educar os filhos é mesmo uma tarefa cansativa, não é um serviço para preguiçosos. Em compensação, é uma tarefa sempre enriquecedora.

Bater numa criança, por exemplo, não é uma maneira eficiente de ensinar a respeitar limites, pois a própria palmada é uma consequência da perda de controle dos pais. É verdade que as palmadas ensinam, mas elas dificilmente transmitem aquilo que os pais querem ensinar. O primeiro ensinamento que se passa para uma criança que apanha é que bater no outro é uma forma válida de resolver uma encrenca. Com isso, ela se sentirá liberada para ser agressiva, ao menos com quem é menor do que ela.

Outro inconveniente óbvio da pedagogia do tapa é que a reação dos pais depende mais do estado de espírito em que se encontram do que de uma avaliação da conduta da criança; ou seja, a intensidade do tapa é proporcional à raiva ou irritação de quem bate, não à gravidade da falta cometida. Uma criança não consegue entender como a mesma transgressão ora provoca risadas, ora uma bronca e em outras vezes uma saraivada de tapas.

Esse método tem outra limitação: está totalmente baseado na superioridade física dos pais, e esta é efêmera, pois os filhos estão crescendo dia a dia, e todos os pais já pararam de crescer. Para manter a mesma vantagem, seria preciso apelar para acessórios cada vez mais pesados, da mão ao chinelo, deste ao cabo de vassoura, e assim sucessivamente, até onde? Não é comum que essa escalada chegue às armas de fogo, mas esse seria seu caminho natural.

Dificilmente um tapa (ainda que seja um "tapa bem dado", se alguém conseguisse definir o que significa isso) seria capaz de ensinar mais do que ensinaria uma única palavra, dita com serenidade e convicção: *Não!*, seguida, depois de passar a urgência do momento (quando a criança enfiava o dedo na tomada, por exemplo, ou se aproximava perigosamente do fogão), da respectiva justificativa, pois é a partir dessa explicação que a criança pode generalizar para outras situações.

Será que alguém, em sã consciência, acredita que se tornou uma pessoa melhor por ter levado uns tabefes dos pais na infância? Ninguém argumenta que com palmadas a gente ensina os filhos a serem generosos, dignos, leais ou confiantes. E não existem valores mais importantes do que estes, para transmitir aos filhos.

Mas não é um pecado mortal dar um tabefe em um filho com o qual se tem um sólido vínculo de afeto e confiança. Afinal, os pais são humanos, a vida exige demais e nem sempre eles conseguem ter o comportamento que julgam mais adequado. Esse tapa que estala sem que se saiba direito de onde veio, como se a mão partisse sem comando, no calor da hora da briga, transmite uma informação fundamental: que os pais não são perfeitos, são apenas frágeis mortais que fazem o que podem, não o que querem. Mas é importante que se reconheça que um tapa emana sempre de uma fraqueza, não da força.

Pecado é a hipocrisia de transformar uma incapacidade de diálogo numa tese de pedagogia, inventando teorias pretensamente filosóficas para justificar o tapa.

Não são muitos os valores que consideramos importante transmitir aos filhos: dignidade, justiça, honestidade. O paradoxo é que nossa crença nesses princípios se dá no abstrato, enquanto sua transmissão se faz nas miudezas do cotidiano. E, na maioria das vezes, nosso comportamento reflete o contrário de nossas convicções: em um total desrespeito pelos direitos do outro, passamos pelo acostamento quando a estrada está congestionada, paramos em fila dupla na frente da escola, invadimos a faixa de pedestres, compramos vídeos e discos pirateados, fazemos ligações clandestinas de tv a cabo. Pais que louvam a lealdade, mas não criticam o dedo-duro, passam uma informação no mínimo contraditória. São atitudes como essas que desacreditam nossas conversas pomposas sobre disciplina e respeito.

Como nossos filhos se tornariam responsáveis se não permitimos que arquem com as consequências de escolhas malfeitas? Por que eles aceitariam que lhes ensinássemos a jogar um jogo cujas regras burlamos para deixá-los ganhar (sob o pretexto de preservar a autoimagem da criança – como se só os vencedores fizessem boa figura...)? Como levá-los a valorizar o trabalho dos outros se vivem sob uma mágica que transforma a bagunça e a sujeira em limpeza e ordem, na escola ou em casa?

Infelizmente, somos muito distraídos. Apesar de acreditarmos sinceramente nos valores que alardeamos, funcionamos sob o comando de um piloto automático, que nos leva para o caminho mais fácil, esquecidos dos princípios que deveriam nortear nossas escolhas. Melhor seria se prestássemos mais atenção e cuidássemos para que nosso comportamento refletisse nossos valores. O ideal seria que transformássemos nossos discursos sobre lealdade e fraternidade em gestos de solidariedade e compreensão.

20

O grande leque dos descartáveis

Ao longo da história, diferentes formas de relacionamento foram consideradas legítimas, ainda que nem sempre reconhecidas juridicamente: concubinas eram aceitas em muitas culturas, a poligamia ainda é vigente em alguns grupos, relacionamentos homossexuais entre homens mais velhos e jovens efebos eram até encorajados na Grécia Antiga. Expressões como "moça teúda e manteúda" ou "casa civil" e "casa militar" refletem a tolerância com que a sociedade ainda encara, em algumas regiões do Brasil, o fato de um homem casado manter amantes. Não há novidade alguma nesses diferentes tipos de vínculos amorosos. O que os costumes modernos trazem de novo é a coexistência de todas essas formas de relacionamento.

No fim do século XX, segurança e estabilidade passaram a ser quesitos mais importantes do que paixão e prazer. Menos românticos e mais práticos e realistas, os casais passaram a investir em solidez e solidariedade. Neste momento do início do século XXI, coexistem vários modelos: o modelo tradicional, composto de moça bonita e virgem que se casa com rapaz rico e inteligente; o liberal, à base de "satisfação imediata ou a liberdade de volta"; e o realista, que parece ser a tendência predominante.

Cada um desses modelos tem critérios próprios para a escolha do parceiro. No modelo tradicional, o único considerado aceitável até a década de 1950, a fantasia é soberana: homens e mulheres deixam-se seduzir por atributos idealizados (beleza, inteligência, fortuna, sucesso profissional), e assim, unem-se a parceiros mais próximos do sonho que da realidade.

O modelo liberal, introduzido nos anos 1960, é criação direta da pílula anticoncepcional, que permitiu o sexo sem gravidez, sem medo e sem culpa. A repressão dá lugar ao prazer, único elo legitimado para a união entre um homem e uma mulher. Esse modelo inaugura a monogamia sequencial, em que a busca permanente da paixão não tolera o menor desgaste no relacionamento. A fidelidade passa a ser considerada uma virtude ultrapassada, e aguentar as dificuldades cotidianas é visto como covardia e conformismo.

Como reação ao preço pago por essa postura (pensões alimentares, querelas sobre a guarda dos filhos etc), a década de 1980 privilegiou a permanência pautada na confiança, na lealdade e na responsabilidade. Mas os anos 1960 deixaram sua marca: nenhum relacionamento se justifica sem sexo, carinho e afinidade. O relacionamento fica mais sensato, mas também sem as emoções da intensidade.

Será possível algum dia vir a juntar o senso de responsabilidade ao calor da paixão? Será possível encontrar na relação amorosa tanto as velas içadas para a aventura quanto o porto seguro para o descanso? No começo do novo milênio, pesquisas revelam que, mesmo não acreditando no amor eterno, homens e mulheres gostariam de colocar suas fichas em um projeto de vida partilhado e duradouro: filhos saudáveis, sucesso profissional, família feliz – são esses os objetivos expressos pelos entrevistados. A insatisfação com a experiência do efêmero e a descoberta de que o divórcio é um remédio forte, com efeitos colaterais penosos e sequelas indesejáveis – e não um caminho fácil para a reconquista da liberdade – geraram o desejo de inventar um novo tipo de relacionamento.

A novidade está sobretudo na ampliação do leque de escolhas, de forma que nenhuma opção exclui necessariamente as outras. Hoje é possível manter, ao mesmo tempo, vínculos homo e heterossexuais, e dentro de cada relacionamento um casal pode optar por diferentes graus de casamento. Um casal divorciado pode continuar morando na mesma casa, assim como casais legalmente casados e devidamente abençoados podem manter casas separadas, para evitar problemas com os filhos de casamentos anteriores. Uniões homossexuais têm a mesma validade – e merecem o mesmo respeito – de casamentos legítimos; casais que se consideram monogâmicos e fiéis consentem em viver experiências de troca de parceiros com outros casais, para estimular a vida sexual. A sexualidade ultrapassa as fronteiras do casamento: valem o sexo pré-conjugal, assim como o extraconjugal e o policonjugal, quem sabe até o sexo metaconjugal – qualquer que venha a ser o significado dessa expressão.

Nem todos, porém, conseguem viver essas experiências sem sequelas. Nossas ideias podem ser mais avançadas que nossas vísceras, e às vezes nos forçamos a superar limites impostos por nossos sentimentos, em nome de uma liberação intelectual. Essa ultrapassagem não se faz sem riscos, mas pode levar algum tempo para que as emoções negadas venham à tona e mobilizem culpas e mágoas cuja origem nem sempre é identificada.

Nessa festa maníaca, não há lugar para todos: é preciso ser jovem (de corpo e espírito), de preferência bonito, alegre e disponível. Livre, leve e solto. Nem todos são assim; e ninguém é assim o tempo todo. Para nós, os psicoterapeutas, chegam as vítimas: os que não se ajustam, os que foram devorados, os que não têm defesas. Os excluídos do bufê.

É por quilo?

No afã de experimentar o novo em toda a sua intensidade, nossa cultura não tolera bem o contato com o desgaste e o envelhecimento, sequer dos objetos. Daí a popularidade dos descartáveis. Não estou falando do rigor de higiene imposto pelo risco de contaminação por doenças graves (as agulhas e seringas descartáveis estão nessa categoria), mas dos utensílios de uso doméstico e pessoal, como talheres, copos, xícaras, canetas e relógios. Há não muito tempo um relógio ou uma caneta eram objetos de desejos acalentados durante anos, presentes especiais reservados a datas importantes – sobretudo, marcos de etapas cumpridas, como formaturas e aniversários significativos. Esses objetos ocupavam lugar de destaque entre os fetiches familiares, impregnados de histórias das quais, simbolicamente, o novo proprietário ficava depositário.

Em consequência da ascenção dos descartáveis, os artesãos estão desaparecendo. Como os relógios e canetas perderam a aura sentimental que os cercava, ninguém mais se interessa em mandar consertá-los: ou eles são descartáveis ou se transformam em símbolos de *status*, que ninguém usa ou conserta. Sapatos e bolsas passam pelo mesmo processo. Com isso, sapateiros e relojoeiros parecem fadados a desaparecer.

Ao se deparar com um bufê que ostenta uma enorme fartura de opções, um conviva faminto dificilmente será capaz de compor uma refeição balanceada. A quantidade e variedade de ofertas dificultam a escolha. A pressa em satisfazer apetites, a gula diante de tantas possibilidades, a curiosidade em experimentar delícias desconhecidas podem levar a excessos que provocam indigestão, sem suprir as necessidades nutricionais básicas. O caminho para fazer escolhas que garantam uma dieta equilibrada é conhecer os próprios desejos e necessidades e ter algumas informações sobre a composição dos vistosos quitutes.

Novas ofertas no bufê?

O "FICAR"

Os adolescentes também experimentam recursos novos para ensaiar a difícil tarefa de escolher um parceiro. De fato, esses ensaios sempre existiram e receberam diferentes denominações e coreografias conforme a época e a cultura: já se chamou "flerte" (e consistia de tímidos olhares trocados à distância, acompanhados de sorrisos insinuantes), depois virou "paquera" (e passou a incluir um contato mais próximo do que a coreografia do flerte permitia); agora essa função é exercida pelo "ficar". Ao longo do tempo, as normas que regulam essa experiência parecem permitir uma aproximação física cada vez maior entre os parceiros, atualmente limitada apenas pela timidez e recato de cada um. Difícil prever até onde o caminho entre o primeiro olhar e o contato sexual completo pode ser encurtado sem que o ritual perca a função original de ensaio para a vida amorosa.

Muitos pais e educadores se assustam com o que classificam como comportamento despudorado e irresponsável dos jovens. Mas esses mesmos adultos, que hoje se escandalizam diante da facilidade com que os jovens trocam os parceiros com que "ficam", esquecem a hipocrisia de uma época que os obrigava a dividir as mulheres em categorias distintas: as que deviam ser preservadas para o casamento e as que serviam para dar vazão aos seus impulsos sexuais. Esse critério já forçava uma separação artificial entre sexo, de um lado, e ternura e responsabilidade, do outro, – afinal, a principal crítica que fazem hoje ao comportamento dos jovens.

O ritual da paquera pode ser diferente das atitudes ostensivas do "ficar", mas os sentimentos mobilizados nas duas situações apenas espelham uma mudança de atitude da hipocrisia para a exibição.

E-MAILS, TORPEDOS, MSN...

Embora pareçam novidades, permitidas pelo avanço das comunicações introduzido pelos computadores e celulares, essas formas de contato, anônimo e distante, têm claros precursores, cada um coerente com a tecnologia do seu tempo. Podemos citar: o "correio elegante" das quermesses (a voz melíflua anunciando pelo autofalante da praça: "A próxima música é oferecida pelo Valete de Espadas para a Dama de Copas"); o "*cotillon*" (cavalheiros e damas sorteiam cartões – azuis para eles, rosa para elas – com os nomes de parceiros amorosos famosos, e depois devem procurar os respectivos pares para dançar – "Napoleão procura Josefina"; "Sansão busca Dalila"...); os telefonemas anônimos (as conversas estendendo-se por meses, antes que os interlocutores se dispusessem a marcar um encontro – momento que marcava, para muitos, o fim do jogo).

Pois o uso da internet como fonte de encontros potencialmente mais, ou menos, amorosos é herdeiro dessas outras formas de busca de parceiros, e partilha das mesmas vantagens e dos mesmos riscos. As vantagens têm a ver com o anonimato, que funciona como um atalho para a intimidade: na medida em que o interlocutor não está de posse dos dados reais da identidade do outro, ninguém precisa lançar mão dos disfarces que compõem a máscara social com que cada um se apresenta em público. Esse mesmo anonimato permite que os internautas usem e abusem de toda a fantasia para inventar – para si mesmo e para o outro – a imagem que gostariam de refletir. Até certo ponto, esse jogo não expõe nenhuma das partes a um dolo maior: afinal, todos praticamos esse mesmo esporte nas primeiras fases de um relacionamento, durante as quais apresentamos ao parceiro apenas algumas facetas da nossa personalidade, ao mesmo tempo em que corrigimos nosso olhar para que o outro se ajuste à imagem que gostaríamos que ele tivesse.

Os riscos derivam desse mesmo anonimato, que abre espaço para a impunidade e a perda de limites. Os trotes telefônicos também já foram usados para praticar maldades (antes do advento do sistema automático para localizar a origem das chamadas), até assassinatos. Mas, ninguém condenaria o telefone por esse desvirtuamento de seu objetivo. O importante é levar em conta que existem, sim, pessoas mal-intencionadas, e que esse meio de comunicação é extremamente propício para acobertá-las. Muitas gerações de mães que nos antecederam já aconselhavam seus filhos a não falar com estranhos. Pois o conselho continua valendo.

Mas essa mistura de comunicação epistolar (que permite, como as cartas e ao contrário do telefonema, escolher o melhor momento para responder a uma mensagem e reler o que se escreveu antes de enviar ao destinatário) e telefônica (pois permite uma rapidez de comunicação que as cartas não alcançam) parece também estimular conversas mais íntimas e verdadeiras, mesmo entre pessoas que se conhecem e já partilham de uma intimidade real. A possibilidade de conversar com o outro sem vê-lo nem ouvi–lo, de seguir uma linha de pensamento e de expressão sem ser interrompido por comentários e observações, faz com que esse diálogo funcione como uma espécie de monólogo consigo mesmo, sem o filtro da censura que as expressões faciais do interlocutor impõem automática e até inconscientemente.

No entanto, há perdas no abandono da correspondência epistolar tradicional em favor da rápida troca de mensagens pelo computador. O caráter do efêmero faz com que esses diálogos se percam com a mesma rapidez com que as conversas são trocadas. Assim, desaparecem documentos preciosos sobre as descobertas de uma época (quanto da história da humanidade tornou-se conhecida por meio da correspondência trocada por personalidades?). O mesmo valor têm as cartas escritas por pessoas comuns, que retratam os costumes de sua cultura e de seu tempo; ou entre amigos íntimos e irmãos, que refletem diferentes momentos do vínculo, da personalidade e vicissitudes de cada um. Quantos segredos não são revelados décadas depois, ao se abrir uma velha caixa com envelopes amarelados? (Quem guardaria por mais de 40 anos uma troca de emails?). A tela do computador não mostra as variações da letra – que refletem mudanças de maturidade e de estados emocionais do remetente – nem a escolha do papel, que pode variar de textura e de cor conforme o estado de espírito de quem escolhe, ou revelar portos e pousadas do remetente. Difícil avaliar se o que ganhamos em velocidade e eficiência compensa o que perdemos em retratos de vida.

Vantagens e perigos do casamento

"Casório e mortalha no céu se talha."

21

Epílogo

Nós, os humanos, não somos homogêneos. Dentro de nós, o que há de mais digno no patrimônio genético e cultural convive com as tendências mais torpes. Somos habitados por diferentes personagens e sentimentos: somos fortes e frágeis, generosos e mesquinhos, princesas e bruxas, príncipes e dragões. As mais diversas figuras coexistem em nosso mundo interno, e se expressam como diferentes facetas de nossa personalidade.

Porque somos múltiplos, o casamento é um vínculo especialmente favorável ao nosso crescimento e equilíbrio emocional, pois permite o exercício de inúmeros papéis, e assim abre espaço para o desenvolvimento de diferentes personagens internas. Uma mulher pode ser mãe, filha, sócia, amiga, namorada, amante, parceira, *sparring* de seu companheiro, sem cristalizar-se em nenhum desses papéis. Essa multiplicidade de enredos permite por sua vez que o parceiro exercite todos os papéis complementares correspondentes. Mas, como somos múltiplos e inseguros, o casamento é também uma relação que favorece desencontros e sofrimento, pois é improvável que a cada encontro a parceria se faça de maneira complementar. E cada desencaixe é traduzido como desamor. Imagine, por exemplo, que ela tenha chegado mais cedo em casa e se disponha a preparar um jantar especial, à espera do marido/amante. Manda as crianças para a casa dos avós, põe uma linda mesa para dois, à luz de velas, prepara um balde com gelo e champanhe, toma um demorado banho com sais aromáticos, veste-se com o *néglig*é preto de rendas. Não pode haver dúvidas quanto às suas intenções: ela está vestindo sua roupagem de amante. E ele? Ele, ao sair mais cedo do trabalho, resolveu passar pelo escritório do advogado para conversar sobre pendências tributárias do patrimônio do casal. Então chega em casa disposto a discutir com a esposa/sócia as soluções apresentadas pelo profissional. Porém, se depara com o explícito convite para um encontro amoroso. E daí?

Se o casal pisasse um sólido chão de segurança afetiva, a situação se resolveria sem dificuldade: ambos escolheriam juntos a qual das parcerias (a dos amantes ou dos sócios) dariam prioridade – relegando o outro encontro a um momento mais propício, ou menos concorrido. Mas não é isso que acontece. O marido, preso a seu roteiro original, começa a discutir o assunto financeiro, sem levar em conta que a companheira percorreu outros caminhos, e o espera para uma outra coreografia. Se ela insiste em seu projeto de sedução, a frustração é inevitável. Ele confirma suas antigas suspeitas: "Essa mulher não vai amadurecer nunca! Queixa-se de que não a ponho a par de nossa situação financeira, mas quando quero discutir um assunto relacionado com nosso patrimônio, comporta-se como uma adolescente, com fantasias de romance!" Ela, por seu lado, sente-se mais uma vez rejeitada por esse homem "insensível, incapaz de partilhar uma atmosfera de romance, que não pode deixar de lado as questões financeiras para viver, ao menos por alguns instantes, o clima dos tempos do namoro!" E a noite, planejada para ser de encontro e entendimento, transforma-se em um pesadelo de desencontros e mágoas.

Com a repetição de experiências desse tipo, em que o encaixe não se faz apesar das boas intenções dos parceiros, a distância aumenta e cada um se fecha na própria insatisfação e ressentimento. Para evitar a frustração, os parceiros procuram não mais se arriscar com ideias novas e tendem a cristalizar enredos estereotipados. A partir daí passam a desempenhar sempre os mesmos personagens, com falas e réplicas conhecidas e monótonas: a mãe e o filho, o adulto e a criança, a histérica e o obsessivo. O enredo perde a graça e a condição amorosa, estagnada, morre.

O amor teria mais chance se, diante de um desencontro, os parceiros procurassem entender juntos a situação, com curiosidade e interesse, em vez de percorrer caminhos antigos e invocar conhecidos fantasmas de desentendimentos passados.

Aposentadoria, ninho vazio... E agora?

O que acontece com uma relação amorosa que deu certo? Como vivem os casais que atravessaram as várias etapas da vida, venceram os obstáculos e desafios, e chegaram – alguns com mais, outros com menos marcas – à luz crepuscular da meia-idade? Se a vida deu certo, os filhos estão criados e os projetos foram realizados ou substituídos por outros mais realistas; se deu menos certo, os projetos já foram abandonados ou esquecidos. De qualquer maneira, o casal tende a estar de novo sozinho – como já esteve, quando esse enredo começou. Com uma diferença importante: naquela fase, o casal se nutria de sonhos e esperanças, matéria-prima com que elaboravam os planos de futuro; agora o que existe são mais lembranças do que projetos, mais passado do que futuro.

Se tanto o marido quanto a mulher estiverem aposentados, vão enfrentar nessa fase uma nova assimetria. Aparentemente, envelhecer é mais fácil para o homem: as propagandas até valorizam as pequenas rugas ao redor dos olhos, os cabelos grisalhos nas têmporas. Uma mulher precisa lançar mão de cremes, tinturas, disfarces, em uma briga contínua (e afinal inglória) contra as marcas do tempo, para não ser acusada de relaxada. Mas internamente a situação se inverte: parece que as mulheres têm mais recursos internos para lidar com os desafios da vida depois dos cinquenta anos. Quando uma mulher se retira da vida profissional, pode ocupar seu tempo livre com inúmeras atividades e interesses: a casa, os netos, trabalhos manuais. Ainda que ela fosse dedicada à carreira, esse lado da vida sempre teve espaço no seu dia a dia. A situação é diferente para um homem, cuja vida sempre correu em paralelo com a vida doméstica: enquanto os filhos cresciam, o pai estava totalmente dedicado à carreira. Na maioria das famílias, é da responsabilidade da mãe administrar os cuidados com a saúde física e mental das crianças. As decisões sobre as atividades de lazer da família, a escolha das eventuais viagens de férias, tudo isso fica na esfera de atuação da mulher – ainda que ela mantenha, ao mesmo tempo, uma intensa agenda profissional.

Com a aposentadoria, o homem se vê lançado em um universo estranho, pois a casa não é seu território e ele não se sente confortável em meio às lides domésticas do cotidiano, que se fazem sem sua participação. A identidade masculina ainda está intimamente ligada ao papel profissional, a tal ponto que seu cargo e função ficam perigosamente aderidos a seu nome. É penoso reconhecer a dificuldade de um homem para se identificar, sobretudo ao telefone, sem a referência de um cargo e o sobrenome de uma empresa. Mais doloroso ainda é observar o comportamento submisso de um aposentado que se depara com a má vontade da parceira, cuja atenção ele disputa com os netos e com mil afazeres domésticos. Em uma cruel inversão da época em que ele estava totalmente envolvido com a carreira e ela se queixava da pouca atenção que ele dedicava à casa e aos filhos, algumas mulheres parecem tripudiar sobre o tempo que o companheiro agora tem disponível. Essa reação, que ativa ressentimentos e provoca novas mágoas, é humilhante para ambos.

Outra dinâmica perversa deriva da dificuldade de aceitar os sinais de fraqueza e de envelhecimento do parceiro – talvez pela desagradável sensação de confrontar-se com a própria decadência como que refletida por um espelho cruel. Assim, os pequenos esquecimentos, a locomoção mais lenta, a diminuição da capacidade de visão e audição, em vez de mobilizarem solidariedade e ternura, provocam impaciência e irritação – pobres disfarces da angústia.

Uma pena. Pois esse poderia ser o momento da reconstrução e reinvenção do ninho, quando o casal deveria fazer um balanço de suas possibilidades e desejos, de modo a resgatar a identidade do vínculo fundador dessa família. Para aproveitar tudo o que a vida tem a oferecer, nesta fase como em todas as outras, o ingrediente fundamental é a capacidade de elaborar o melhor cardápio a partir dos mantimentos disponíveis na dispensa dos anos, em uma receita em que a esperança seja sempre maior do que o ressentimento.

Para que servem as obras de ficção

As obras de ficção nos oferecem a possibilidade de viver emoções que não fazem parte de nosso enredo. É por meio do contato com elas que se desenvolve a capacidade de empatia, processo pelo qual é possível identificar-se com o outro e entender o que ele sente – matéria-prima do sentimento de solidariedade. Quem lê *Os Miseráveis*, por exemplo, mergulha no universo dos personagens, transmuta-se em mendigo, é capaz de sentir o frio e a fome que, de outra forma, nunca conheceria e, ao se deparar com um mendigo na rua, poderá se reconhecer nele e não irá atacá-lo nem humilhá-lo com pseudo-brincadeiras agressivas.

O cinema e a televisão também podem produzir esse efeito, mas menos do que o livro: a diferença é que os personagens do cinema têm feições próprias, emprestadas pelos atores que o diretor escolheu, enquanto os personagens do livro não têm cara, de modo que o leitor pode lhes emprestar seu rosto, o dos seus pais e o do seu vizinho. A leitura de um livro leva mais tempo do que a duração de um filme ou de um capítulo de novela, o que torna mais intensa a ligação de um leitor com os personagens. Esse contato mais longo também favorece o processo de identificação e empatia. Assim, as obras de ficção oferecem caminhos pelos quais compensar a restrição de experiências emocionais que a vida necessariamente nos impõe. A leitura de um bom livro nos arranca do cotidiano e nos faz viver enredos que não fariam parte da nossa trajetória; dentro de uma sala de cinema, somos levados a romper com as barreiras do tempo e do espaço, e vivemos, por duas horas, uma aventura inusitada, num universo desconhecido.

Relacionamos a seguir algumas obras, a maioria de ficção, que retratam as múltiplas facetas da relação amorosa em diferentes épocas e situações.

A relação amorosa na literatura

O amor é, desde sempre, o tema predileto das obras de ficção. Seguem alguns exemplos de livros que deram ao tema enfoques especiais.

FICÇÃO

A balada do café triste, *Carson McCullers*. São Paulo: Globo, 1993. Texto original de 1963. A autora, falecida em 1967, explora, nos contos dessa obra melancólica, nossa inabilidade para lidar com os sentimentos. Merece atenção especial o conto que fecha a coletânea (Uma pedra, uma nuvem, uma árvore), verdadeira aula sobre a arte de amar.

A moreninha, *Joaquim Manuel de Macedo*. Domínio público. Texto original de 1844. Com extrema delicadeza e lirismo, o autor fala da dificuldade de um jovem de se manter fiel a um juramento de amor, ao se ver diante de uma nova e ardorosa paixão. O autor narra essa divertida história retratando com perspicácia a sociedade do Rio de Janeiro do Segundo Reinado.

Ana Karenina, *Léon Tolstói*. Domínio público. Texto original de 1875-77. Para narrar a história de amor entre um rico proprietário de terras e uma aristocrata casada, o livro articula como um concerto barroco os contrastes na Rússia tzarista: entre a alta sociedade e a vida dos camponeses; entre o intelectual e o homem simples; entre as posturas masculina e feminina diante do amor.

Divórcio em Buda, *Sándor Márai*. São Paulo: Companhia das Letras, 2003. Texto original de 1936. Na véspera de oficializar a separação de um casal, um juiz recebe a visita do marido cujo relato reabre feridas há muito cicatrizadas. Como pano de fundo, o autor faz uma brilhante descrição da burguesia decadente na Hungria da década de 30.

Othelo, *William Shakespeare*. Domínio público. Texto original aproximadamente 1603. Um drama que explora facetas sombrias da alma humana. Sentimentos como inveja, ciúmes, deslealdade e violência são magistralmente retratados.

Romeu e Julieta, *William Shakespeare*. Domínio público. Texto original entre 1591 e 1595. Baseada supostamente em fatos reais ocorridos na Itália medieval, nenhuma história de amor teve tanto sucesso quanto a dos amantes de Verona, paradigma do amor trágico que atravessa gerações.

Seda, *Alessandro Baricco*. São Paulo: Companhia das Letras, 2007. Texto original de 1997. Com a delicadeza de um tecido diáfano, o autor descreve a trajetória emocional de um jovem comerciante de seda, por meio dos mistérios da paixão, na busca da maturidade e do equilíbrio.

Senhora, *José de Alencar*. Domínio público. Texto original de 1875. O autor contrapõe seus personagens a vários paradigmas do século XIX. Sua heroína desafia o estereótipo do macho dominador e calculista: é ela que faz uso do poder econômico para vingar-se de um desafeto, casando-se com ele. Mas, ainda dentro dos cânones da época, o amor tudo vence.

A Bela do Senhor, *Albert Cohen*, Nova Fronteira, 1983. Um dos romances mais importantes do século XX, Grande Prêmio de Romance da Academia Francesa. A história acompanha o relacionamento amoroso dos protagonistas, desde o despertar da paixão até a exaustão. Sem perder a leveza e o humor, o autor faz um retrato pessimista das limitações humanas diante das exigências do vínculo amoroso.

Água para elefantes, *Sara Gruen*, ed. Sextante, 2007. Como encarar a viuvez? Desde que perdeu sua esposa, o protagonista vive numa casa de repouso, cercado por enfermeiras solícitas e fantasmas do passado. Por 70 anos ele guardou segredo sobre os anos de sua juventude, em que trabalhou no circo e viveu suas duas paixões – primeiro pela estrela do número dos cavalos (com quem se casou), e depois por Rosie, uma elefanta aparentemente estúpida.

Os Belos e Malditos, *Fitzgerald*, tradução de Roberto Grey. L&PM editores. Por meio de uma conturbada história de amor, com forte inspiração autobiográfica, o autor apresenta um panorama dos excessos e loucuras da Era do Jazz. É interessante ler essa obra de ficção em paralelo com a coletânea da correspondência verdadeira trocada entre o autor e sua companheira Zelda, citada a seguir.

Não ficção

Querido Scott, Querida Zelda, *compilação de Jackson R. Bryer e Cathy W. Barks*. Coletânea da correspondência trocada entre o escritor F. Scott Fitzgerald e sua mulher, Zelda Sayre Fitzgerald, são mais de trezentas cartas e telegramas (de 1912 a 1940), que abrangem todo o período que passaram juntos e refletem a desproporção entre a força do vínculo amoroso e a fragilidade das personalidades dos protagonistas.

Tête-à-Tête, *Hazel Rowley*. Rio de Janeiro: Objetiva, 2006. Por meio de entrevistas originais e acesso a material inédito, Hazel Rowley oferece o primeiro retrato completo da intensa e turbulenta relação entre Sartre e Simone de Beauvoir, casal de intelectuais que foi ícone de uma época.

A relação amorosa no cinema

Aí vão alguns exemplos de filmes de diferentes épocas que retratam facetas parecidas da relação amorosa:

Nascidos um para o outro

Nem sempre o homem de seus sonhos pode ser o homem da sua vida. A mesma história se repete em diferentes épocas, com protagonistas de origens e condições discrepantes. Ou não?

A princesa e o plebeu (*Roman Holiday*, 1953), filme dirigido por William Wyler, com Audrey Hepburn e Gregory Peck. A história de uma jovem princesa em visita oficial a Roma, que, cansada de suas obrigações diplomáticas, foge da embaixada e vive por algumas horas uma aventura amorosa com um repórter americano.

As pontes de Madison (*The Bridges of Madison County*, 1995), filme dirigido por Clint Eastwood, com Meryl Streep e Clint Eastwood. Dessa vez, a protagonista é uma dedicada dona de casa americana que vive por quatro dias um romance que marca sua vida para sempre.

Conflitos do relacionamento

Quem tem medo de Virginia Woolf? (*Who's Afraid of Virginia Woolf?*, 1966), filme dirigido por Mike Nichols, com Elizabeth

Taylor e Richard Burton. Um casal em crise permanente exibe toda a virulência que um relacionamento pode atingir.

Cenas de um casamento (*Scener ur ett äktenskap*, 1974), filme dirigido por Ingmar Bergman, com Liv Ullmann e Erland Josephson. A luta íntima de uma mulher para sobreviver ao final de um casamento até então feliz.

A SEGUNDA CHANCE

Nos três filmes seguintes, a vida oferece aos protagonistas a possibilidade de um novo enredo. Do que depende o sucesso dessa segunda chance?

As duas vidas de Matias Pascal (*Le due vite di Mattia Pascal*, 1985), filme dirigido por Mario Monicelli, com Marcello Mastroianni. Um homem forja seu próprio suicídio e começa a viver uma nova vida.

Shirley Valentine (*Shirley Valentine*, 1989), filme dirigido por Lewis Gilbert, com Pauline Collins. Uma solitária dona de casa de Liverpool cria coragem e viaja para a Grécia, em busca do desconhecido.

Pão e tulipas (*Pane e tulipanni*, 2000), filme dirigido por Silvio Soldini, com Licia Maglietta. Durante uma viagem de ônibus, uma mulher é esquecida pelo marido num posto de serviço no meio da estrada e, a partir daí, escolhe seu próprio rumo.

A LIBERDADE DE ESCOLHA

Um casamento à indiana (Monsoon Wedding, 2001), filme dirigido por Mira Nair, com Naseeruddin Shah e Vijay Raaz. Na escolha de um parceiro, por que o acaso seria mais competente do que os pais?

Kadosh, laços sagrados (Kadosh, 1999), filme dirigido pelo israelense Amos Gitai, com Yaël Abecassis, Yoram Hattab.

Um casamento amoroso, feito com a aprovação do rabino e da comunidade, torna-se maldito pela esterilidade do casal.

A paixão em tempo de madureza

Até quando podemos ser surpreendidos pela bênção de uma paixão?

Fred e Elsa – Um amor de paixão (*Elsa y Fred*, 2005), filme dirigido por Marcos Carnevale, com Manuel Alexandre e China Zorrilla. Um romance vivido por uma mulher de 82 anos, doente, mas cheia de vida e humor, e um homem de 78, saudável, mas hipocondríaco.

Ginger e Fred (*Ginger and Fred*, 1985), filme dirigido por Federico Fellini, com Marcello Mastroianni e Giulietta Masina. Um casal de artistas se reencontra na maturidade e compara seus sonhos de juventude com o que a vida lhes proporcionou.

Romance de outono (*Used People*, 1992), filme dirigido por Beeban Kidron, com Marcello Mastroianni e Shirley MacLaine. No funeral do marido, a viúva conhece um antigo admirador e refaz, por meio do novo romance, o vínculo com a vida.

O medo da entrega amorosa

O desejo de uma entrega amorosa traz em seu bojo o medo da perda, por isso a perspectiva de um envolvimento atrai e assusta.

A garota da vitrine (*Shopgirl*, 2005), filme dirigido por Anand Tucker, com Steve Martin e Claire Danes. Executivo cinquentão vive, mas não assume, romance com uma jovem solitária e amorosa.

O homem de palha (*L'uomo di paglia*, 1958), filme dirigido por Pietro Germi, com Franca Bettoja e Pietro Germi. Mostra a dificuldade de um homem maduro para expressar seus sentimentos.

As diferenças inviabilizam ou enriquecem o vínculo amoroso?

O feitiço de Áquila (*Ladyhawke*, 1985), filme dirigido por Richard Donner, com Matthew Broderick e Michelle Pfeiffer. A história de um amor que uma maldição tornou impossível.

O casamento de Romeu e Julieta (2005), filme dirigido por Bruno Barreto, com Luana Piovani, Marco Ricca, Luís Gustavo e grande elenco. Romeu, um corintiano fanático, se apaixona por Julieta, que joga como centroavante no time feminino do Palmeiras.

Dois momentos da relação amorosa

Beleza americana (*American Beauty*, 1999), filme dirigido por Sam Mendes, com Kevin Spacey e Annette Bening. A história de dois casais, um de meia-idade, num relacionamento desgastado e estéril; e outro de adolescentes, no início de uma paixão sincera e promissora. Como discriminar o que cabe ao destino e o que compete aos protagonistas para que o amor preserve sua vitalidade e encanto?

Foi apenas um sonho (*Revolutionary Road*, 2008) dirigido por Sam Mendes, com Leonardo Dicaprio e Kate Winslet. Adaptação do romance homônimo de Richard Yate, narra o drama de um jovem casal do subúrbio de Conecticut que, na década de 50, procura fazer jus à fama de "especial".

A dona da história (2004), filme dirigido por Daniel Filho, com Marieta Severo e Antonio Fagundes. Dialogando com a jovem que foi aos 18 anos, a protagonista lembra-se dos sonhos do passado e compara-os com sua vida atual.

Os limites da intimidade

As marcas da violência (*A History of Violence*, 2005) dirigido por David Cronenberg, com Viggo Mortensen e Maria Bello. Um casamento tranquilo e feliz é abalado por um episódio sangrento, que traz à tona o passado de violência do marido, até então tido pela esposa e por toda a comunidade como um cidadão pacato e cumpridor das leis.

O ANEL QUE TU ME DESTE

foi impresso em São Paulo
pela gráfica Prol Editora Gráfica Ltda,
para Primavera Editorial
em junho de 2010.